ちくま新書

検証 異次元緩和

原田 泰
Harada Yutaka

1857

JN165942

検証 異次元緩和【目次】

第2章　金融政策とは何をするものか――目的と手段と経路　077

はじめに

２０１３年4月から始まった異次元の金融緩和は、２０１２年12月に就任した故安倍晋三首相のイニシアチブで開始された。大規模緩和は、アベノミクスの三本の矢――大胆な金融緩和、機動的な財政政策、民間投資を喚起する成長戦略の第一の矢として実施された。それゆえ、三本の矢の一部として評価すべきという議論もあるだろうが、本書は大胆な金融緩和に絞って評価している。アベノミクスにおいて、もっとも重要なのは大胆な金融緩和と考えるからだ（アベノミクスの全体の評価については、原田・片岡・吉松２０１７、野口２０１８などを参照）。

ここでアベノミクスについて言及したのは、政策の効果を先取りする為替や株については、実際に金融緩和が始まる前から効果が出ている場合もあるからだ。大胆な金融緩和を唱える安倍氏が２０１２年9月の自民党総裁選挙で勝利し、自民党総裁になった時点で、選挙があれば自民党が勝利して、安倍氏が首相になり、大規模な金融緩和が行われることが確実視されていた。であれば、２０１２年9月以降の株価上昇や円高修正もアベノミクスの金融政策の転換の効果と評価できる（具体的には第2章第4節で説明）。

異次元金融緩和は、雇用環境の改善など、多くの成果をもたらした。しかし、「その成果はわずかで、副作用は大きく、大規模な緩和を続ければ、金利の暴騰、財政悪化、物価の急騰、為替の暴落の危険がある。だから一刻も早く金融緩和の出口を目指すべきだ」という議論もある。たしかに、大規模緩和で飛躍的な高成長がもたらされたわけではないが、経済は、それ以前と比べて明らかに改善した。それを無視して、成果がなかったとは言えない。また、副作用はわずかで、物価の急騰などが起きる可能性は存在しない。最近言われるようになった「失われた30年」という言葉は、大規模緩和に成果はなく、それ以前の経済状況と同じであり、デフレの20年に金融政策は責任がないという主張を含意している。

２０２２年4月以降、消費者物価上昇率（生鮮食品を除く総合）は2％を超え、22年9月から23年8月にかけては3％以上の物価上昇が続いた。しかし、これはエネルギー、食料価格の高騰に伴う一時的なもので、23年9月以降は3％を切り、徐々に収まっている。成果が大きく、副作用が小さい以上、出口は急ぐべきではない。

本書は、異次元緩和の効果とその副作用を検証するものである。まず第1章で、雇用の改善など実体経済での評価を行う。結論を先取りして述べれば、大規模緩和は、雇用拡大、賃金上昇、GDP増加、財政状況の改善、自殺者の減少などをもたらした。

第2章では、そもそも金融政策とは何を行うべきものか、それをどのように実現できるかを議論する。第1章で述べたような良好な経済状況を安定的に作り出すのが金融政策の役割である。さらに、金融政策が実体経済に影響を与える経路とその効果を示している。

第3章は、金融政策が金融機関経営と中央銀行の財務状況にどのような影響を与えるのかを分析する。大規模緩和の副作用とは、インフレ目標にこだわった金融政策が長期の金融緩和をもたらし、それがバブルや過度のリスク志向をもたらし、金融機関経営を不安定にし、また中央銀行の財務を悪化させるという疑念である。インフレの兆候を見て金融引き締めに転ずるとき、中央銀行の財務が悪化し、場合によっては債務超過に陥る可能性があるという。中央銀行が債務超過に陥れば、市場の信認が失われ、物価の高騰、円の暴落、金利の急騰などが起きるというのである。しかし、これらの懸念は、現実には生じていないし、生じる可能性も考えられないものである。

終章は結論である。異次元の金融緩和が日本経済を改善したことは明らかな事実であるが、副作用と言われているものは単なる疑念、言ってしまえば空想上のものにすぎず、過去に生じたことも将来生じることもないものである。本書は、これらのことを明らかにしている。

2023年4月の黒田《くろだ》東彦《はるひこ》日銀総裁から植田和男総裁への交代前後から、早期の出口（金融緩和を止めること）に向かうべきだという議論が盛んになった。しかし、これまでの緩和政策の効果を見れば、出口は急ぐべきではなく、早すぎる引き締めこそがデフレと低金利を生んだということを認識すべきであり、インフレ率の上昇トレンドを見て徐々に出口に向かえばよいという結論になる。

第1章
異次元緩和政策の効果

２０１３年４月から始まった異次元緩和によって経済はどう変わっただろうか。失業率の４％から２％への低下、雇用者数の増加、雇用環境の改善、生産性の上昇、所得の増加、名目と実質ＧＤＰの上昇、物価上昇率のマイナスからプラスへの反転、所得格差の是正、自殺者の減少、財政赤字の縮小、景気実感の改善などの多くの成果がもたらされた。これらについて、雇用の改善から見ていこう。

１　雇用の継続的な改善

図１－１は、失業率と有効求人倍率（パートを含むとパートを除く）の推移を示したものである。異次元緩和以前、４％を超えていた失業率は、２０１９年12月には２・２％にまで低下した（２０２０年からはコロナ〔ＣＯＶＩＤ－19〕ショックにより上昇。コロナショックの一段落した２０２０年末以降低下。ただし、２０２２年夏以降ほとんど低下していない）。

有効求人倍率は上昇した。「仕事があっても非正規ばかり」という指摘があるが、パートを除いた有効求人倍率も14年12月以降は１を超え続けていた（正規・非正規については図１－２で詳述）。雇用の改善は大都市だけのものではない。全国で有効求人倍率は上昇した。それ以前、１をなかなか超えられなかった北海道、青森の有効求人倍率は２０１５年８月

図1－1　失業率と有効求人倍率の推移（季節調整値）

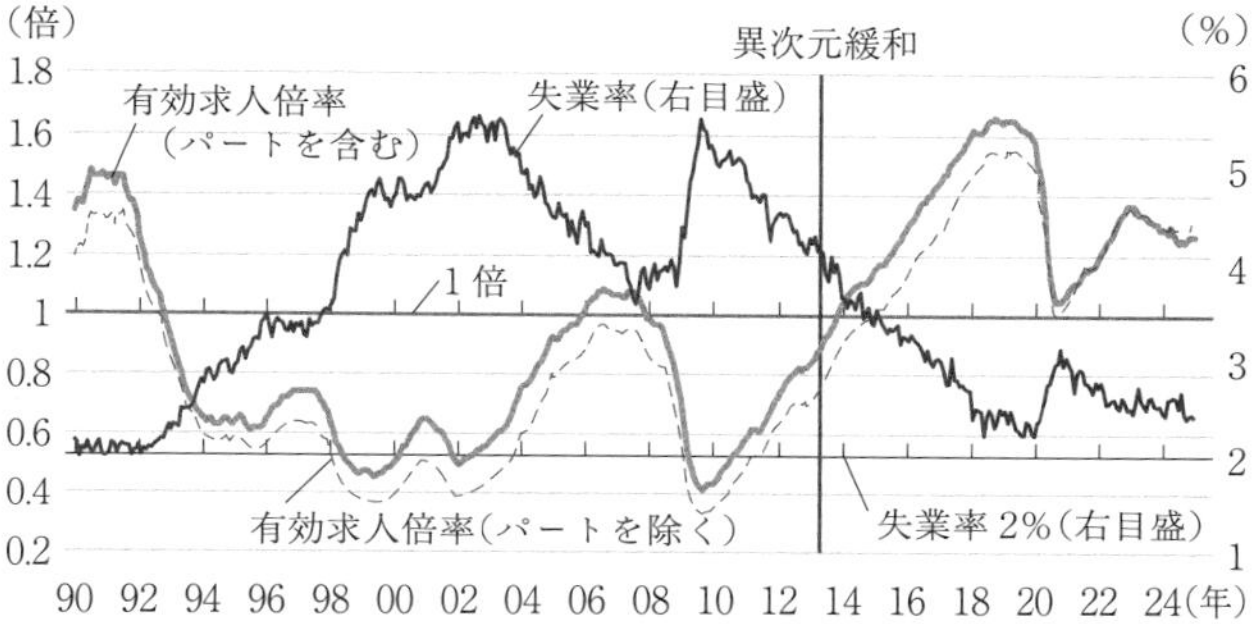

（出所）総務省統計局「労働力調査」、厚生労働省「一般職業紹介状況」

に、高知、鹿児島は2016年1月に、沖縄は2016年2月に1を超えた（厚生労働省「一般職業紹介状況（職業安定業務統計）」「都道府県（就業地）別有効求人倍率（季節調整値、パートタイムを含む一般）」）。

若者の就職状況は急激に改善した。若者を食い物にするブラック企業などという言葉はほとんど聞かれなくなった（星野2023、82頁、図表4-7参照）。一度ブラックと噂されれば採用できなくなるからである。

異次元緩和以前にもトレンドとして雇用情勢は改善していたという反論があるかもしれないが、継続的緩和がこれまでにないような雇用情勢の好転を生み出したことが重要である。2002年から2007年にかけても、2001年3月から2006年3月までの量的緩和と世界経済の好調による雇用情勢の好転があったが2006年3月の量的緩和の解除

図１－２　雇用の伸びと正規比率

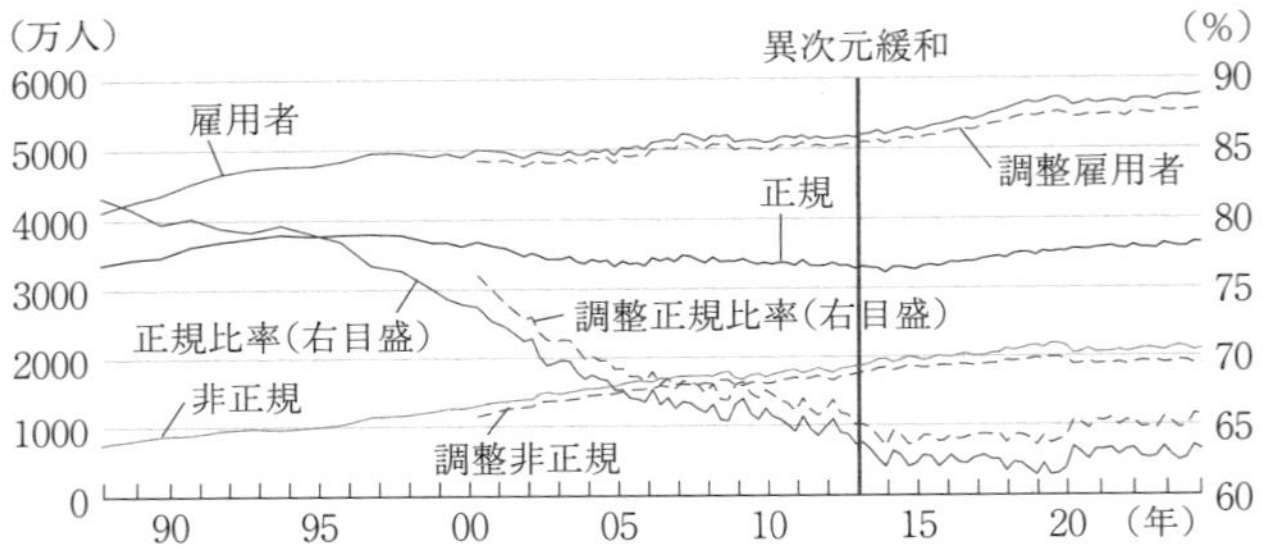

(出所) 総務省「労働力調査」長期時系列表９（1）年齢階級（10歳階級）別就業者数及び年齢階級（10歳階級）、雇用形態別雇用者数
(注1) 雇用者は役員を除く。
(注2) 調整とは、65歳以上の雇用者と15－24歳で在学中のものを除いたもの。2000年８月以前はデータがないので15－24歳で在学中のものも含む。
(注3) 1998年までは２月のみの調査、99年から2001年までは２月と８月の調査、2003年以降は４半期の調査。

とその後の２００８年のリーマンショック（世界金融危機が世界的な呼称だが、日本の慣例によってリーマンショックという言葉で統一する）によって雇用環境は一挙に悪化した。

✝正規・非正規の雇用もともに伸びている

図１－２は、雇用者数の推移を見たものである。異次元緩和の始まった２０１３年４月を境として雇用者数の一貫した増加がみられる。増加したのは非正規ばかりという議論もあるので、全体の雇用と正規非正規に分けた雇用を示している。ただし、ここで、非正規の増加は退職した高齢労働者が嘱託などで雇われていること、若者の進学率の高まりにより学生アルバイトが増加していることが大きい。この要因を調整するために、65歳以上、

15〜64歳までの雇用者で、15〜24歳のうち在学中のものを除いた雇用者（図では調整雇用者と表記）も示している。

図から、まず全体の雇用が伸びていること、正規の雇用も伸びていることがわかる。緩和の初期には、非正規の雇用の伸びは正規の雇用の伸び以上に増加しており、全雇用に占める正規の比率は低下気味であった。ここには先述のように高齢化と進学率の高まりによる要因が含まれている。この要因を除いた調整正規比率を見れば、トレンドとして低下してきた正規労働者の比率が、異次元緩和以降、わずかだが上昇していることがわかる。ただし、2020年以降の正規比率の上昇はコロナショックに対して非正規雇用を削減した影響が含まれている。しかし、2022年以降は非正規以上に正規の伸びが上回っており、非正規で雇えないので正規化するという動きが見られる。調整前の正規比率も上昇している（2012年10〜12月期から2024年10〜12月までに、全年齢の雇用者の増加は642万人、うち正規は329万人である）。

なお、ネットでのアンケートによる民間調査で、若年フリーターの正社員希望率は、2022年は44・9%だったのに対し2024年は34・4%と、10・5%ポイント減少している（『若者しごと白書2024』レバレジーズ株式会社、2024年3月12日、https://leverages.jp/news/2024/0209/3965/）。これは正社員を望む若者はすでにある程度が正社員に転

図1－3　新規大学卒業者の内定率の推移

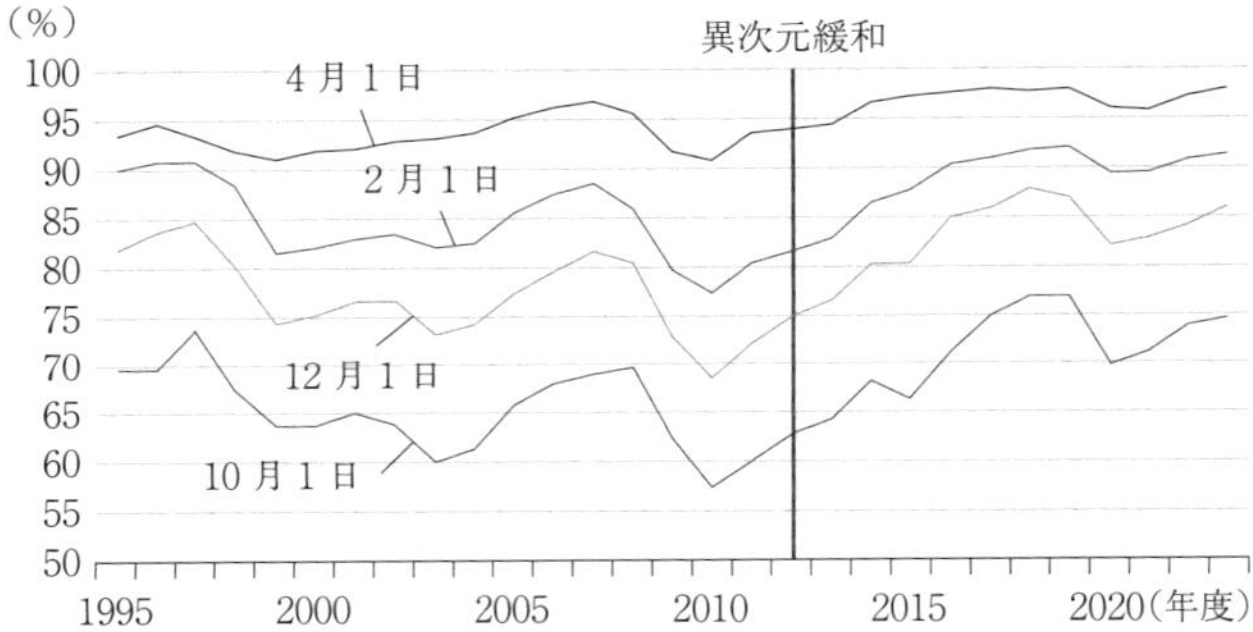

（出所）厚生労働省・文部科学省「大学等卒業予定者の就職内定状況調査」1995年度は文科省単独調査。
（注）内定率とは、就職希望者に占める内定取得者の割合。2023年度4月の内定率とは、23年度3月に卒業するものの内定率。

換できていることを示しているのだろう。

†新卒の雇用も改善

雇用全体が改善している中で、当然のことながら新卒の雇用も改善している。図1－3は、大学新卒の就職内定率を示したものである。就職活動は就職する前年から始まって翌年3月に決まるのが通常である。年度で示しているので、2023年度4月1日の内定率とは23年3月に卒業する者の内定率というか就職率である。図には、10月、12月、翌年2月、4月の内定率を示しているが、どれも同じような動きをしている。

10月1日時点の内定率を見ると、新卒の就職状況は2010年まで悪化傾向にあった。改善傾向に向かったのは、2005〜08年、

図１－４　雇用、名目賃金、実質賃金の推移

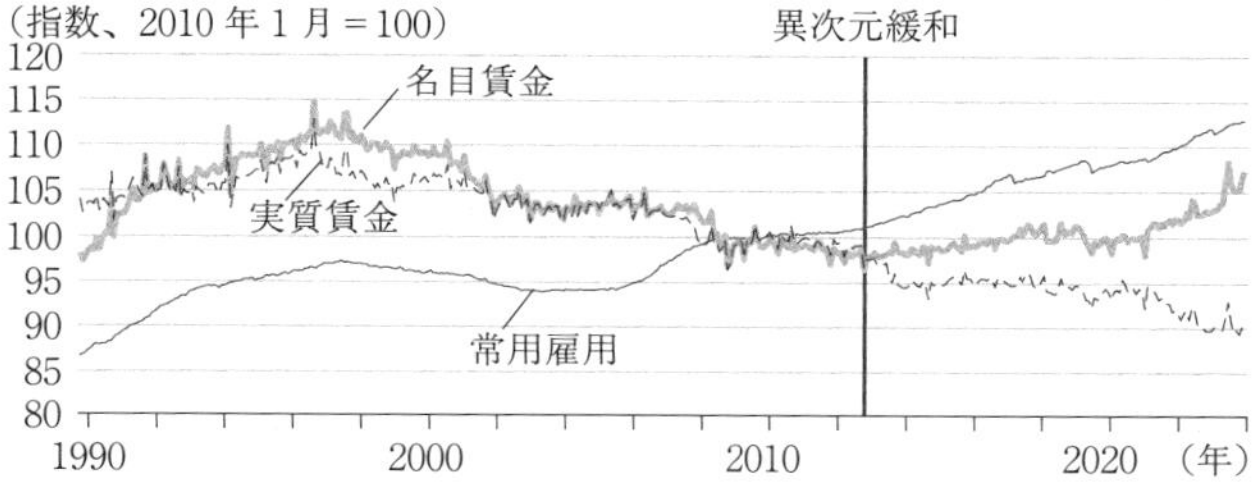

（出所）厚生労働省「毎月勤労統計調査」
（注）季節調整値。2010 年 1 月＝100。雇用は常用雇用指数。賃金は賃金指数現金給与総額。実質賃金は実質賃金指数現金給与総額。

２０１０年〜現在までとなる（データは95年以降しかない）。２００４年までは、１９９０年のバブル崩壊の悪影響を払拭することができず、97年、98年のアジア通貨金融危機、日本の金融危機でさらに悪化していたということである。さらに、２００９年のリーマンショックで大きく悪化したが、２０１３年の異次元緩和で継続的に改善したということである。２００５年から２００８年の改善も、それ以前に行われていた量的緩和政策（２００１年３月〜２００６年３月）の効果と言えるだろう。

２　賃金も伸びている

雇用は伸びたが賃金は上がっていないと言われてきた。図１－４は、厚生労働省の「毎月勤労統計調査」で雇用、名目賃金、実質賃金を示したものである。２

013年4月の異次元緩和以来、雇用はたしかに伸びているが、名目賃金は2022年までほとんど伸びておらず、実質賃金は低下している。しかし、これは景気回復の初期には、非正規の短時間労働者が増えることによる。しかも、日本の場合、高齢化の影響もあって、短時間労働を好む高齢者や主婦のパートがまず増える。景気回復が続けば、やがて正規の労働者も増加していくのだが、初期には仕方がない。また、2014年、2019年の消費税増税も実質賃金の上昇を困難にする。これは2014年、19年の実質賃金の低下から明らかである。

消費税増税がなければ実質賃金はさらに2・4%程度上がっていただろう。なぜなら、2014年の5%から8%への3%の消費税引き上げは、消費税が課税されない品目もあるので2・1%程度、8%から10%への消費税増税の分は、生鮮食品に軽減税率が適用されたこと、幼児教育・保育無償化などもあり0・3%程度、合わせて2・4%程度、物価を引き上げるとされているからだ(総務省統計局2019・10参照)。

さらに、リーマンショック後、2008年から2012年までの雇用と賃金の停滞は明らかである。緩和がなければ、この停滞が続いていただろう。

†時給で見れば賃金は上がっている

図1－5　労働時間、労働時間当たり名目賃金、実質賃金の推移

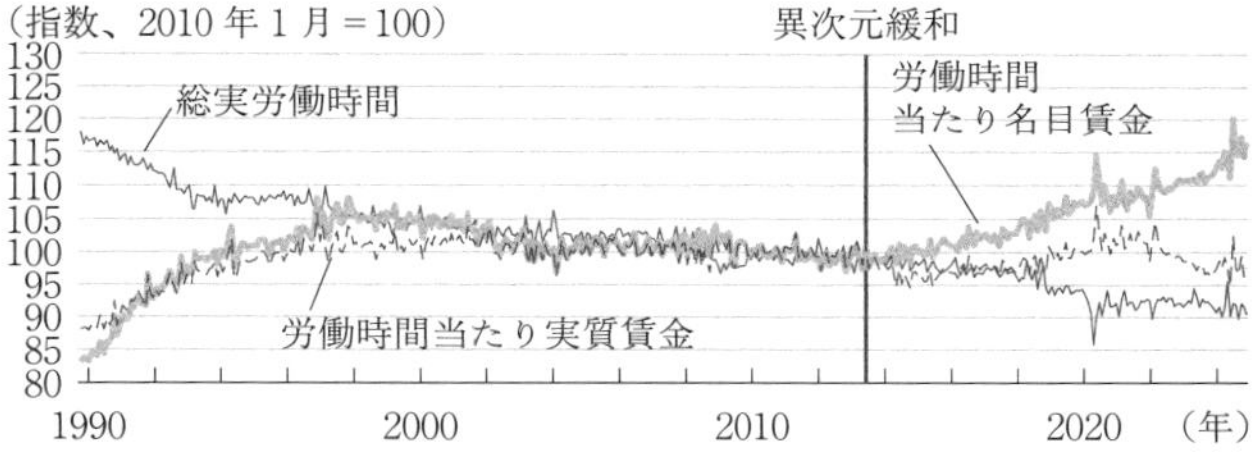

（出所）厚生労働省「毎月勤労統計調査」
（注）季節調査値。2010年1月＝100。労働時間は労働時間指数総実労働時間。労働時間当たり名目賃金＝名目賃金÷労働時間。労働時間当たり実質賃金＝実質賃金÷労働時間。

図1－5は、労働時間、労働時間当たりの名目賃金、実質賃金を示したものである。労働時間当たりで見ると、名目ではすぐさま上昇に向かい、実質でも消費税増税の影響がなくなるとともに上昇している。長期的に見れば、異次元緩和以前、雇用は停滞、賃金は減少傾向にあった。ところが、雇用は明らかに増大、賃金を労働時間当たりで見れば下降から上昇への反転は明らかである。前述のように、消費税増税がなければ実質賃金の増加はより明らかになっただろう。

さらに、働いている人すべての賃金の総額（常用雇用指数×実質または名目給与総額。これを総賃金と呼ぶ）を示すと図1－6のようになる。毎月の総賃金の1年間の合計は、2012年にくらべて2024年には、名目で20・1％、実質で1・9％増加している（それ以前、2000年から2012年は名目でマイナス5・7％、実質でマイナス2・5％）。前述のように、消費税

図1-6　名目と実質の総賃金の推移

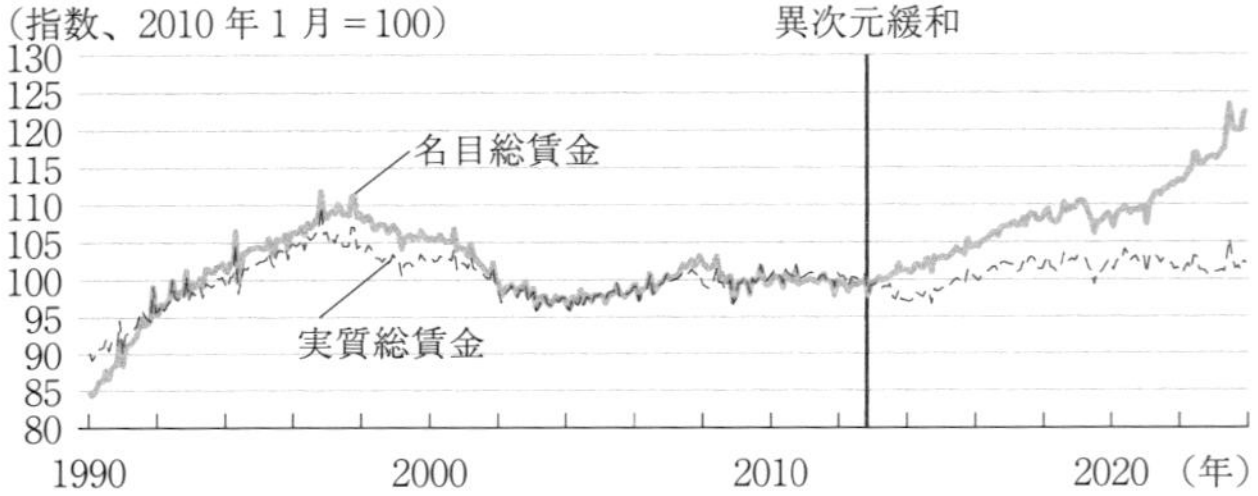

（出所）厚生労働省「毎月勤労統計調査」
（注）季節調整値。2010年1月＝100。総賃金＝常用雇用指数×実質または名目給与総額。

増税がなければ実質総賃金はさらに2・4％上がって、4・3％の増加になっていただろう。ただし、2021年末からのエネルギー価格上昇によって、それ以降の実質賃金は低下している。

以上見てきたような雇用の改善に対して、リーマンショックによる不況からの改善、ないしは景気循環のトレンドに過ぎないという議論もあったが、コロナショックを超えた長期の改善を見れば、これが異次元緩和によるものではなくたまたまだというのは無理がある。

3　雇用の改善は人口動態変化によるのか

人口減がデフレをもたらし、人手不足をもたらしているという人口減決定論はあらゆるところで強い力を持っているようだ。ただ、2024年になって、日本経済新聞は、「人口が減ればモノやサービスの需要が落ち、デフレになる――。こんな通説に対し、宿泊などのサービス業で起きているのは「人手不足による賃上げが要因の値上げ」という逆の動きだ。」と述べている（「人口減デフレ」の通説覆す」『日本経済新聞』2024年2月12日付）。しかしそれでも、人口減が雇用状況やデフレを説明するという人口減決定論は根強いものがある。うち、人口減と雇用状況を結び付ける議論に対して考えたい。ただし、人口減決定論と言っては単純化しすぎで、「人口減に伴う高齢化という人口構成変化とそれによる社会構造の変化が雇用情勢の変化をもたらしている論」と言うべきかもしれない。まず、簡単なものから議論したい。

†単純な人口減決定論

人口減決定論の単純なものは、「雇用環境の好転はアベノミクスの成果ではなく、明確に人口動態の問題である。1995年［96年からだがママ］から減少に転じている日本の生産年齢（15〜64歳）人口は、いまも急ピッチで減っている。……この減少分を埋めるように、女性と高齢者の就労が急速に増えた。これこそが、最近の雇用増加の大きな構造要因だ」というようなものだ（原2019、147〜148頁）。

しかし、20〜24歳。若者人口が減り出したのは1995年、生産年齢人口が減り出した

図1-7　若者の失業率から見る就職氷河期

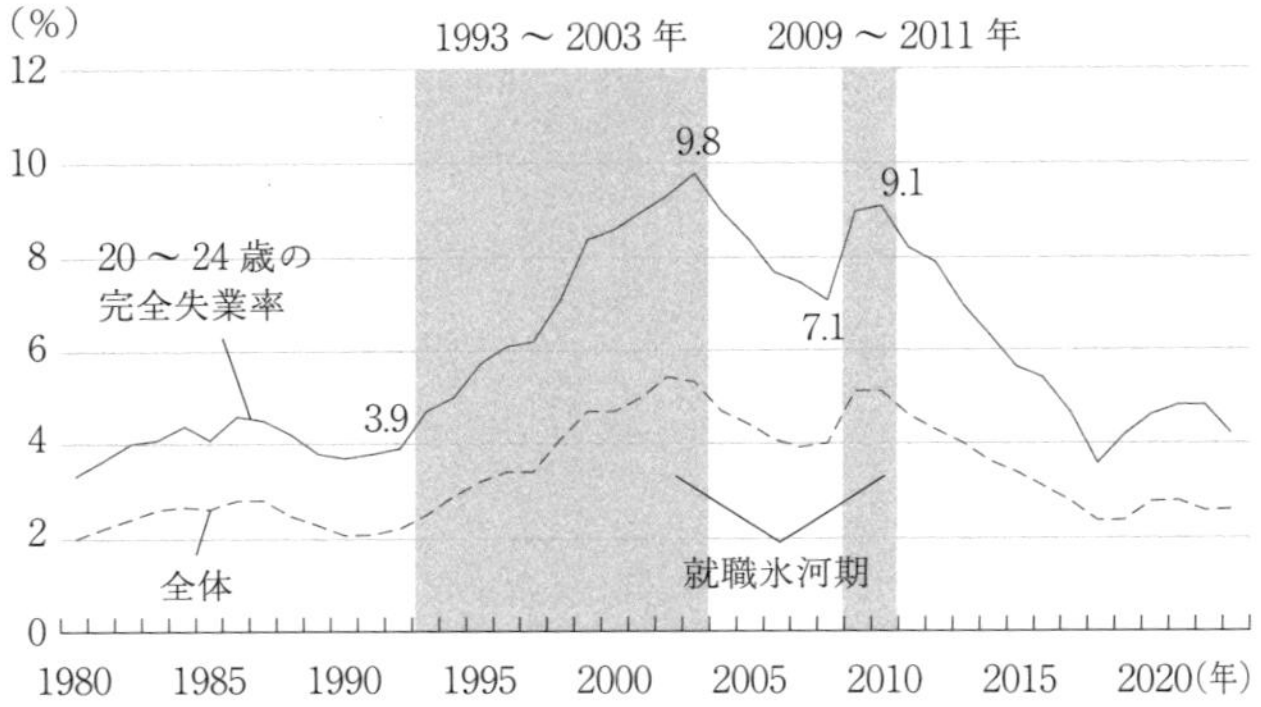

（出所）総務省統計局「労働力調査」

のは１９９６年、日本の人口が減り出したのは２００８年からだ。さらに、新卒学生の就職難を示す言葉として、就職氷河期というものがある。政府は「１９９０年代〜２０００年代の雇用環境が厳しい時期に就職活動を行った世代を就職氷河期世代」と呼んでいる（厚生労働省「就職氷河期世代の方々への支援について」）。ただし、これではいつかが曖昧なので、玄田（２０１６）にしたがって、１９９３〜２０００年代初め、２００９年リーマンショック後の数年間を就職氷河期と呼ぶことにする。

確認のために20〜24歳の完全失業率を見ると、図１-７のように、バブル崩壊後の90年代初めの４％弱から、１９９７年の日本の金融危機後、２００３年には９・８％まで上昇した。その後、速水優総裁（在任１９９８〜２００３年）と福井俊彦総裁（在任2003〜2008年）の不十分な金融の量的緩和期（2001〜2006年）を受けて多少改善した。しかし、2008年9月のリーマンショック後の2009〜2010年には再び9％台に悪化した。そこで本書では、1993年から2003年、2009年から2011年を就職氷河期とする（これは図1-3の就職内定率で説明した就職状況の悪化時期とほぼ同じである）。ところが、異次元緩和の始まった2013年からは氷河期となったことはない。すなわち、1995年から若者人口が、1996年から生産年齢人口が減少しても氷河期は収まらず、2013年からの異次元緩和を行うことによって、はじめて氷河期から脱したのである。

†人口構成変化と雇用改善

第2に雇用改善は、人口構成の変化によるという説明は、団塊世代の退職という人口動態の変化で、雇用が改善したというものである（森田2020）。

森田氏は指摘していないが、人口構成の変化による雇用改善を考える際には、団塊世代の退職による労働市場からの退出とともに若年層の労働市場への参入の両方を考えるべきである。団塊世代（1947〜49年生まれ）は、65歳となる2012年頃から退職するはずである。

図1－8　若者の人口と高齢者の人口変化

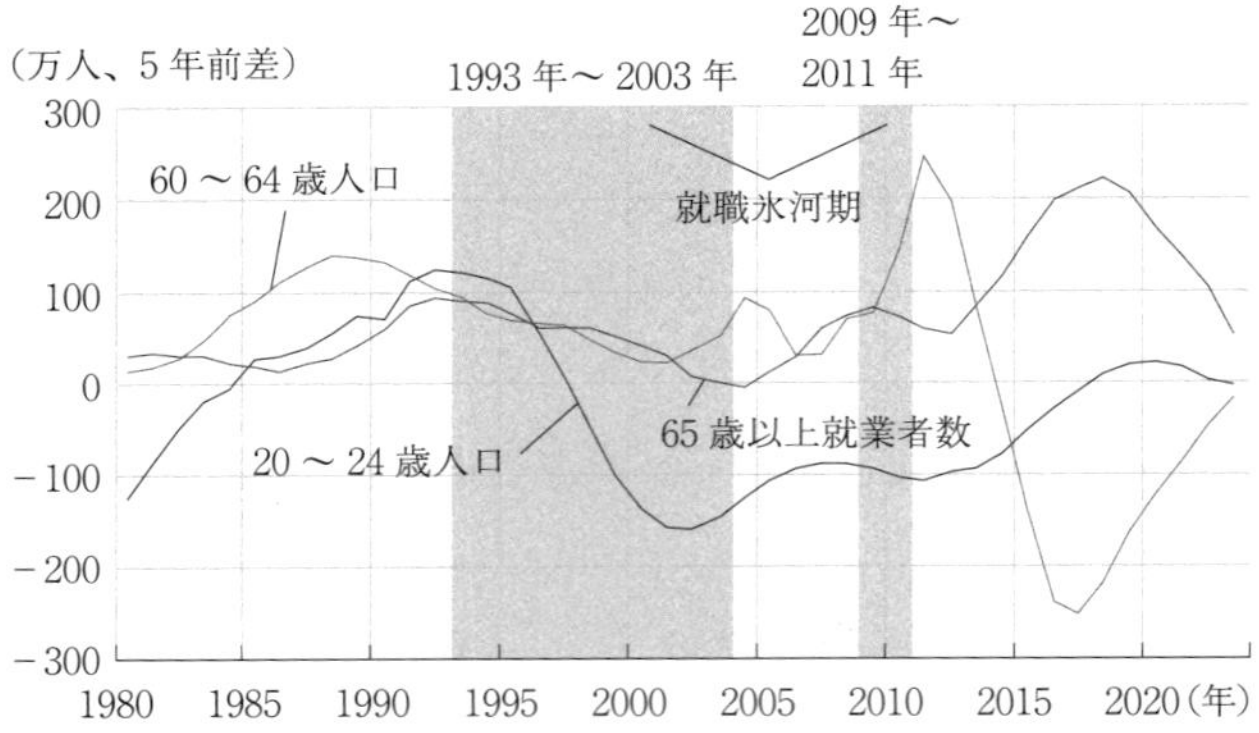

（出所）総務省統計局「労働力調査」
（注）20－24歳人口の増加などは、5年前との差。

まず、若年層の労働市場への参入は、20〜24歳人口がどれだけ増加したかで表すことができる。年齢が5年区分であるので、5年前の数字との差が、新たに労働市場に参入した若者の増加数である。一方、団塊世代の退職による就業者の減少は60〜64歳就業者数の5年前の数字との差で表すことができる。

図1－8はこれらの値を示したものである。予想通り、20〜24歳人口は1997年以降急減している。一方、団塊世代の就業者は2012年以降急速に増加している。つまり、団塊世代の大量退職という状況にはならなかったのだ。この間、1993〜2003年、2009〜11年は就職氷河期である。1997年以降、若者人口は減少しているのに、就職状況は改善しなかった。ところが、201

図1-9　業種別就業者数の推移（全体、医療・福祉、情報通信）

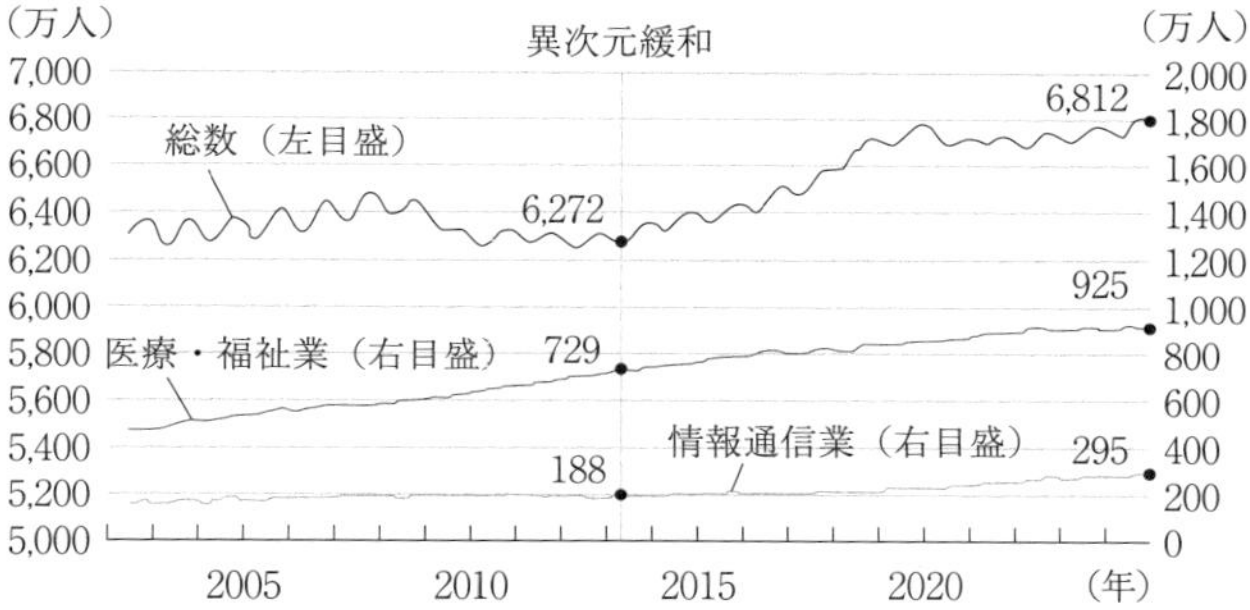

（出所）総務省統計局「労働力調査」
（注）原数値。後方6ヵ月移動平均。医療・福祉には介護、保育を含む。

2年からは、就職氷河期にはなっていない。図1-8には、65歳以上の人口の変化も示している。人口であれば、2012年前後に60～64歳人口が増加し、その後急激に減少する。しかし、就業者数はそうではない。すなわち、人口構成変化で雇用状況を説明することはできないということだ。

†雇用の社会構造変化論

社会構造変化論は、非正規労働者の増加で賃金が上昇していないこと、高齢化に伴う医療介護での労働需要の増加や共働き化にともなう保育領域での労働需要の増加、情報通信業の雇用需要の増加が雇用増加の理由で、異次元緩和が理由ではないと主張する（上野2023）。

図1-9で、雇用の全体と情報通信、医療・福祉（介護、保育を含む）について、2013年4

月の異次元緩和開始時から、2024年11月の就業者数（後方6ヵ月平均）の変化をみると、総数は6272万人から6812万人へと540万人増加した。そのうち、同期間で情報通信は188万人から295万人に108万人増加、医療・福祉は729万人から925万人に196万人増加している。つまり、全体の増加540万人のうち、304万人（108＋196）と全体の56％（304÷540）を説明しているように見える。しかし、図から明らかなように、情報通信、医療・福祉はトレンドとして伸びているだけであり、全体の雇用の伸びが異次元緩和の前後で上昇反転していることを説明できていない。

以上、雇用の改善は、人口減少による、人口動態の変化による、それに伴う社会構造の変化によるという議論を見てきたが、いずれも現実を説明していない。そろそろ、人口減少決定論は終わりにしたいものだ（第2章第9節も参照）。

†異次元緩和と出生率

人口減少がデフレをもたらしたという議論が誤りだと述べてきたが、むしろデフレが人口減少の一因になった可能性が高い。デフレが、実体経済を悪化させ、実体経済が悪化すれば、婚姻と出生率が低下するからである。ＩＭＦのレポート（Asao, Smirnov, and Xu, 2024）は、出生率と景気は連動しており、「持続的な経済成長が出生率の上昇に不可欠な

図1－10　失業率と婚姻率、出生率の関係

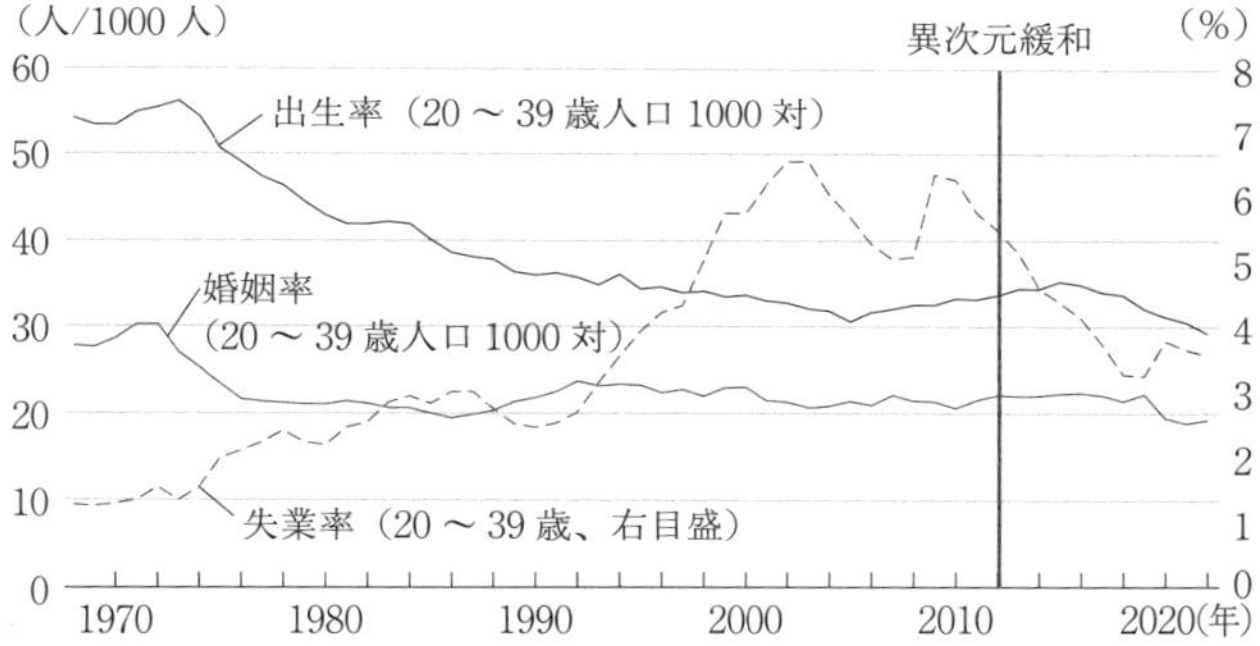

（出所）総務省「労働力調査」、「人口推計」、厚生労働省「人口動態統計」

役割を果たす」と指摘している。要するに、マクロ経済政策でデフレ均衡経済から完全脱却し、成長率を高めることこそ何よりの少子化対策だということである。なお、このIMF報告書は、児童手当等の移転支出の規模と出生率には関係が乏しいと指摘し、保育施設拡充等の政策に比べ費用対効果が極めて低いことを指摘している。内閣府経済社会総合研究所の研究員らによる「少子化対策と出生率に関する研究のサーベイ」（相川他2022）も様々な学術研究を分析し、「児童手当等の経済的支援は、出生率に対してプラスの影響を与えるが、その効果は大きくない」としている。これらの指摘も興味深いが、本書のテーマとは離れるので、以下、金融緩和政策と出生率についていくつかの事実を確認しておこう。

図1－10は20～39歳人口の失業率、婚姻率、出

生率を示したものである。婚姻率と出生率が相関していることはよく知られた事実で、ラグを付けて夫婦の出生数が減少しているというトレンドを考慮すると動きがかなり合致する。

図では1960年代からのデータを示しているが、その頃とは社会構造や意識も変化しているので、1980年代後半からの動きを見ると、80年代末失業率が低下するとともに、婚姻率が増加している。婚姻率の増加とともに出生率が上昇してしかるべきだったが、バブル崩壊後、失業率の上昇もあって出生率が上昇しなかった。その後、婚姻率も出生率も停滞していたが、2001年からの量的緩和、2013年からの量的・質的緩和（異次元緩和）によって20〜39歳人口の失業率が継続的に低下すると20〜39歳人口の婚姻率、出生率が上昇に転じた。ただし、出生率の増加は続かず、さらに2020年のコロナショックによって婚姻率、出生率も大きく低下してしまった。今後、失業率の低下とともに婚姻率、出生率が回復することを期待したい。

失業率と婚姻率の関係を考えると、量的緩和をもっと早くしていれば失業率の低下によって、出生率の反転がもっと早い時期にあったことも考えられるだろう。特に団塊ジュニアの子供世代（1970〜75年生まれ。1995〜2005年に婚姻年齢を迎える）が就職氷河期にぶつかることがなければ、さらに力強い出生率の上昇が見られたのではないだろうか。元日本銀行総裁の白川方明氏も不況の出生率に与える影響を認めており、「日本の多くの大企業は……金融危機による大きな需要ショックに対し、新卒採用の削減や非正規雇用の増加でまず対応した。いわゆる「就職氷河期」であり、若年層が雇用調整のあおりを受けた。この時期に就職期を迎えた大学卒業生は、いわゆる第二次ベビーブーム世代であるが、若い時に十分なスキルを蓄積することが難しかったため、所得水準の低下による非婚率の上昇と、その結果としての出生数の減少など、社会的な問題へと広がり、後々まで影響を及ぼすことになった」と述べている（白川2018、112頁。ただし、雇用悪化と未婚化、少子化の関係に懐疑的な見方もある。近藤2024、第2章「氷河期世代の家族形成」参照）。

4 雇用者所得と企業収益の拡大

雇用が増加すれば、当然に雇用者所得も増加する。企業収益（営業余剰）も増加する。図1－11はGDP統計での雇用者報酬（名目と実質）を示したものである。実質で見ても名目で見ても、異次元緩和以前の停滞から以後の成長が明らかである。うち、実質で見た2014年の落ち込みは、消費税増税によるものである。また、2020年以降の低下は

図1－11　異次元緩和前後の雇用者報酬と消費者物価指数

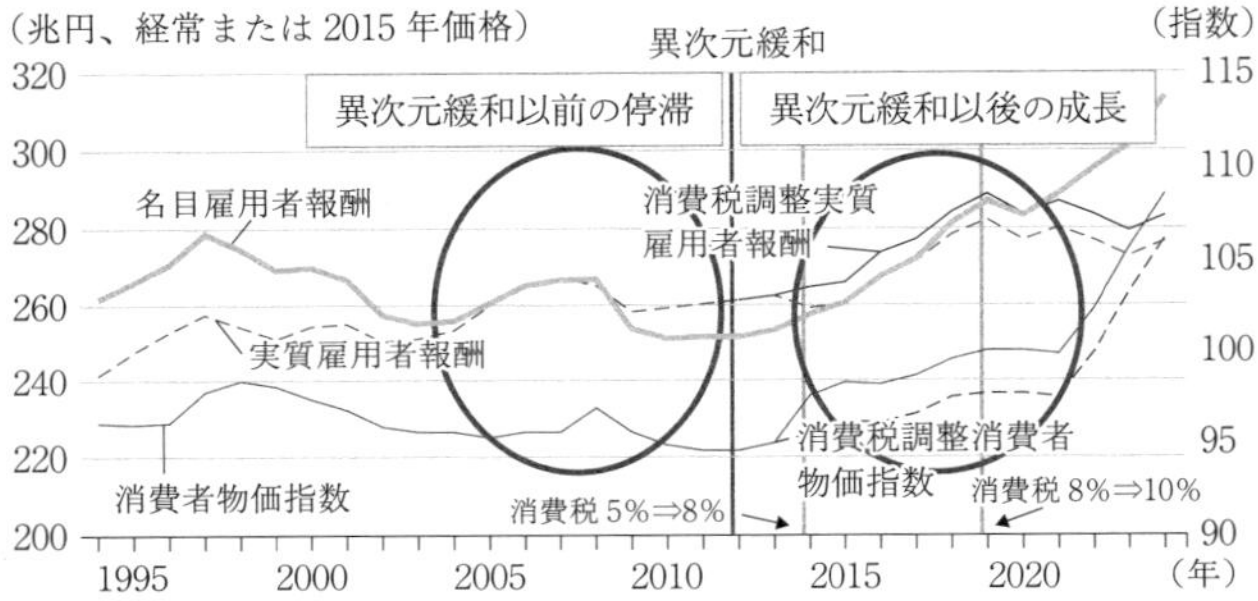

（出所）内閣府「国民経済計算」、統計局「消費者物価指数」
（注）消費税調整物価指数（総合）は消費税の影響を調整している。1997年は無視して2014年以降に2.1、2019年以降に0.3を引いている。

コロナショックによる需要減退とエネルギー・食料価格の高騰からくる物価の上昇によるものである。このことがわかりやすいように、図には消費者物価と消費税による上昇分を取り除いた消費者物価も示している。実質雇用者報酬は特にコロナショック後落ち込んでいるが、それでも異次元緩和以前の12年間（2000～12年）の年平均成長率は0・2％、緩和後の12年間（2012～24年）は0・5％と伸びている。消費税がなかったとすると緩和後の12年間は0・7％と伸びているはずである。

雇用者報酬とともに企業の利益も伸びている。図1－12は、営業余剰を示したものである。ここでも、異次元緩和後の反転上昇が明らかである。設備投資、輸出も示しているが、これらも明らかに反転上昇している。この輸出にはサー

図1-12　異次元緩和前後の設備投資、輸出、営業余剰

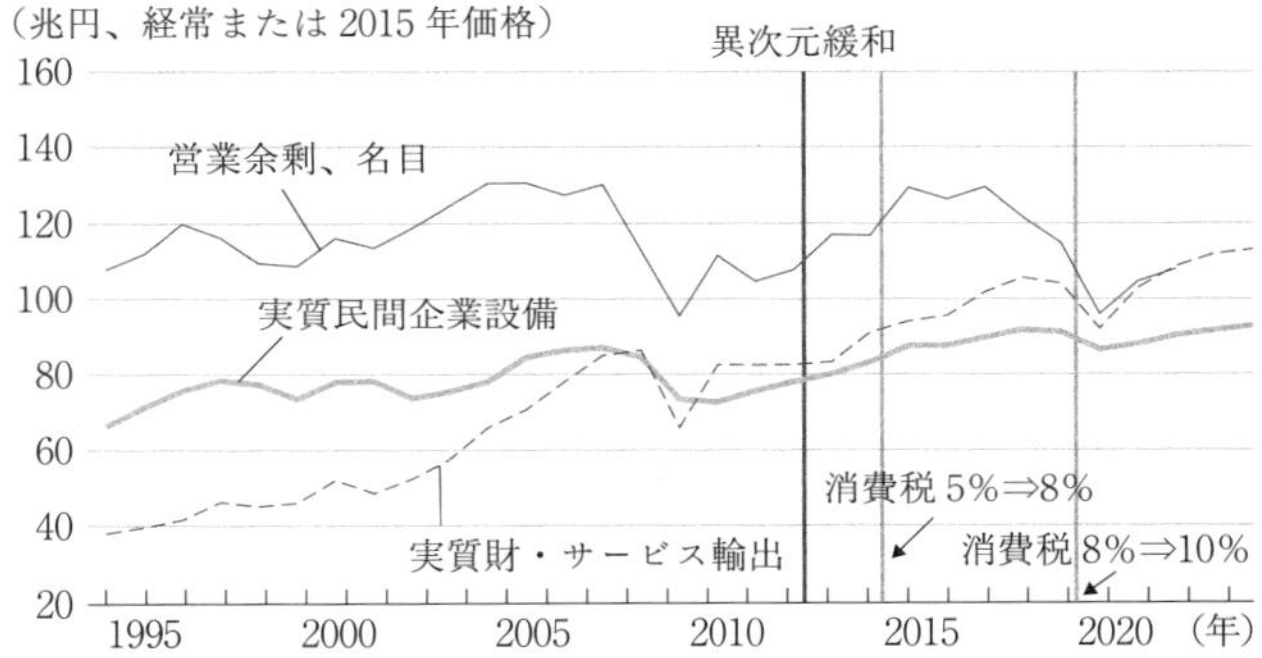

（出所）内閣府「国民経済計算」
（注）営業余剰は、営業余剰・混合所得。海外からの財産所得（純）を加えたもの。

ビスの輸出（海外観光客の日本国内消費、インバウンド消費）も含まれている。円安によって、海外からの観光需要が増加した。初期の輸出増加は財ではなくサービス輸出だった。これは都市ばかりではなく地方を潤すものでもあった。

5　消費の低迷と消費税増税

このように、異次元緩和後、明らかな経済状況の改善が見られるのだが、消費は停滞したままである。図1-13は、異次元緩和前後の実質民間消費と1人当たり実質民間消費を示したものである。異次元緩和後の最初の1年では消費は力強く伸びたが、その後は低迷を続けている。その低迷に、2014年度の消費税の5%から8%への引き上げ、2019年10月からの8%

図1-13　異次元緩和前後の実質消費と1人当たり実質消費

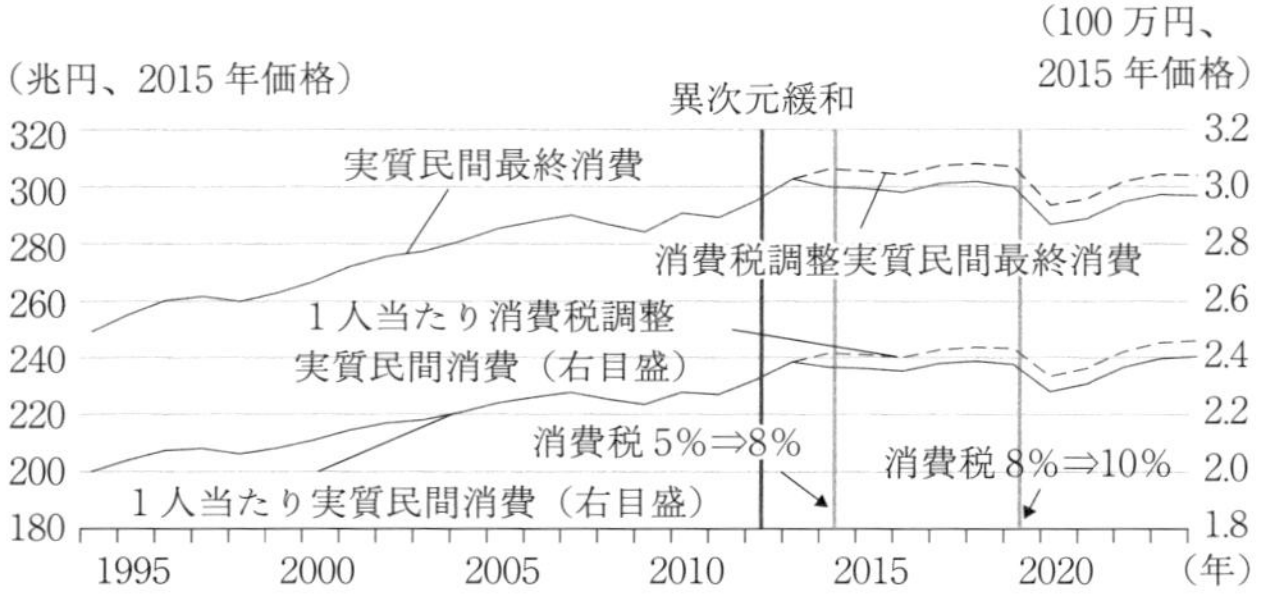

（出所）内閣府「国民経済計算」、統計局「人口推計」
（注）実質民間消費の2001-12年の年平均成長率は0.7%、2012-23年は0.1%。2014年と19年の消費増税がなく2023年の消費が2.4%高くなっていれば、2012-23年の年平均成長率は0.3%になる。1人当たり実質民間消費の2001-12年の年平均成長率は0.7%、2012-23年は0.4%。消費増税がなければ、2012-23年の年平均成長率は0.6%。

から10%への引き上げが関係していることはたしかである。図に見るように、消費は消費税増税後、低迷している。ただし、2020年度以降の低迷は、コロナショックの影響の方が大きいだろう。

異次元緩和以前の12年間（2000〜12年）の年平均成長率は0・9%、緩和後の12年間（2012〜24年）は0・1%と大きく低下した。消費増税がなく、2024年の消費が2・4%高くなっていても（前掲の総務省統計局2019・10）、2012〜24年の年平均成長率は0・3%にしかならない。また、1人当たり実質民間消費の2000〜12年の年平均成長率は0・8%、2012〜24年は0・3%と、1人当たりにしても低下している。ただし、

1人当たりで、かつ消費税増税がなかったとすると、2012～24年の年平均成長率は0・5％と異次元緩和前の成長率にやや近づく。要するに、異次元緩和後の消費の成長率は1人当たりにしても、消費税増税がなかったとしても説明できないほど低迷していたことになる。

この間、実質雇用者報酬の年平均成長率は図1‐11の説明にあるように異次元緩和前の年0・2％から緩和後の0・5％（消費税増税の影響を除くと0・7％）と上昇しているのだから、消費は所得よりも伸びなかった。消費税増税のショックは極めて大きかったということになる。

ところが、2014年の消費税増税以前、少なからぬエコノミストが消費税増税の影響は軽微と主張していた。消費税増税に関して政府が行った2013年8月の「集中点検会合」および14年11月「点検会合」では、多くのエコノミスト、経済学者が、消費税増税の影響を小さく見ていた。たとえば、大和総研の熊谷亮丸チーフエコノミストは、「消費増税で景気は腰折れしない。公共投資が景気を支える。」、JPモルガン証券の菅野雅明チーフエコノミストは「消費増税を景気回復の初期にやるほうが、景気反落リスクが小さい」と述べている（宮嵜2018、図表6‐3参照。ここには、影響が大きいというエコノミストの主張も整理されている）。

しかし、実際には、2014年度の消費税増税の影響は大きかった。これについて、一橋大学の宇南山卓《うなやまたかし》准教授は興味深い議論を展開した（宇南山2016）。消費税の8％への引き上げとその後のさらに10％への引き上げがセットで予定されていたので、人々は2014年時点で10％までの5％分の引き上げに対応して消費を減らしたというのである。そうすると2014年4月には、5％分実質消費が減ってもおかしくはない（実際には、前述のように2・4％程度の減とするのが適当）。だが、人々は、すでに10％の消費税に対応しているという説が正しいとすると、2019年10月に消費税を10％にまで引き上げても、消費に対する影響はわずかということになる。ところが、現実は、2019年10月以降の消費は大きく低下した（以上述べたことは図1－13で確認できる）。その後、2020年2月からは新型コロナウイルスの影響があって、さらに情勢がわからない。消費増税の影響がなぜ大きいかは、永遠の謎となってしまった。

宇南山准教授の発想は、先を読む人間の合理的思考を前提としたものだが、これを個人と政府の間にも広げれば、さらに興味深い議論も得られる。一橋大学の佐藤主光教授は、消費税の分だけ家計の懐は寒くなるが、消費税の税収が社会保障に回ればだれかの懐は潤う。したがって、消費税増税の負の効果は経済全体では相殺されるはず（だから消費税増税の影響は小さい）と論じている。しかし、まったくそうはならなかった。

なぜかと言えば、政府は、消費税増税分は全額社会保障に当てるという説明をしているが、その中には財政赤字を減らす分が半分以上含まれている（「一体改革かすむ道筋　社会保障充実、安定財源が急務　首相、増税延期表明へ」『日本経済新聞』2016年6月1日付）。したがって、消費税増税の負の効果は経済全体でも相殺されない。ただし、佐藤教授は、現在の消費税増税は将来の増税の可能性を低めるのだから人々の現在の消費をそれほど削減しないという理解なのかもしれない（佐藤2015）。

頼りない因果の連鎖と確実な所得

さらに筆者にはわからないことがある。財政が改善すれば、それはいずれ国民に還元されて、人々の懐が潤って消費に回るということがあるのかもしれない。しかし、それはかなり頼りない因果の連鎖によるものである。ところが、異次元緩和以来、高齢者の雇用が大幅に増えている。図1－2の統計資料から高齢者（65歳以上）の雇用を見ると、2012年末に比べて直近の2024年10～12月期で285万人も増えている（全年齢の雇用では642万人の増加）。これは空想的な因果の連鎖によらない確かな所得を生み出している。日本の財政状況が奇跡的によくなって年金が増えるかもしれないというようなものではない。これらの雇用は異次元緩和がなければ生まれなかっただろうから、働いて得た所得をもっと消費してもよいのではないかと思うが、貯蓄率の上昇に回ってしまったようである。

その理由として2つのことが考えられる。第1には、働いて健康を感じるともっと長く生きるので、貯蓄を増やさないといけないと思うからと考えられる。第2には、高齢になってからの労働所得は数十年継続して稼得できるような所得ではなく、数年の所得に過ぎないのだから今使ってはいけないと考えるというものである。

Murata and Hori（2023）は、アベノミクス期には世帯可処分所得の上昇が見られたものの、その内訳は高齢者、非正規労働者等の所得拡大によるところが大きく、一時的な所得の増加と見なされて消費増加には至らなかったと指摘している。一方、前掲図1－2に見るように、今後、正規雇用が増加していけば消費の増加も期待できることになる。

6 実質と名目のGDPも拡大

GDPとはすべての生産物（付加価値）を足し合わせたものだが、それは同時に、すべての所得を合計したものでもある。所得が増えれば、当然、実質GDPも名目GDPも伸びる。また、すべての生産物の主要な構成要素である投資と輸出が伸びればGDPも伸びる。図1－14は、実質と名目のGDPを示したものである。当然のことであるが、実質G

図1-14　異次元緩和前後のGDP

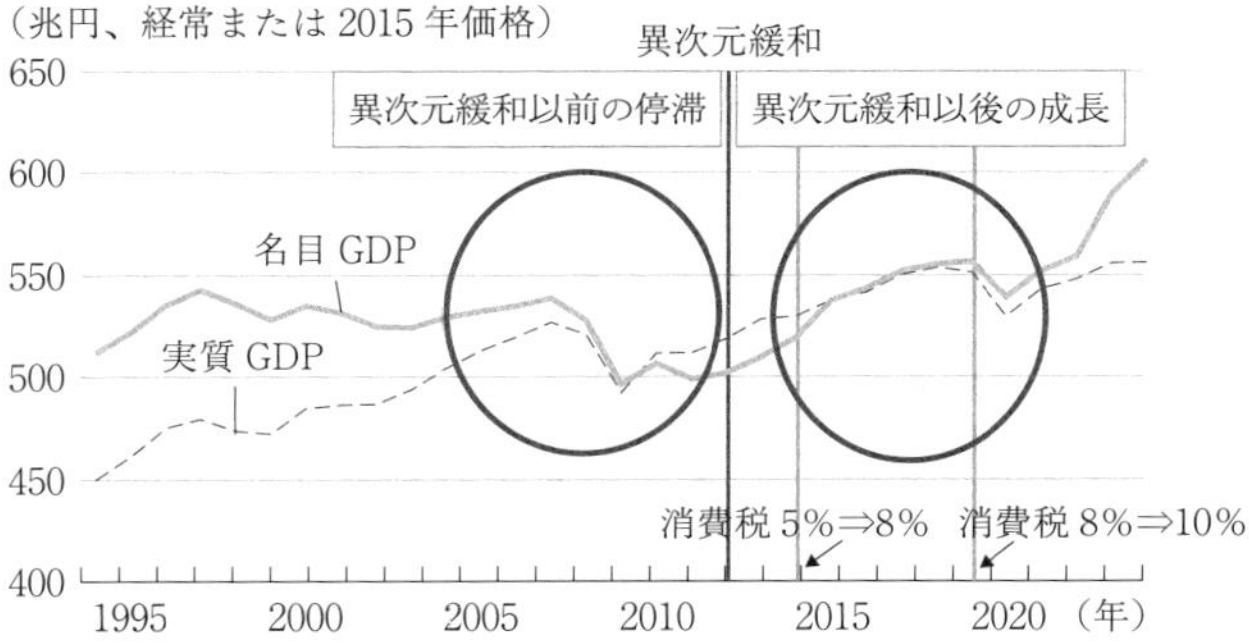

（出所）内閣府「国民経済計算」
（注）実質GDPの2001-12年の年平均成長率は0.6%、2012-23年は0.7%。名目GDPの2001-12年の年平均成長率は-0.5%、2012-23年は1.6%。

DPも名目GDPも停滞から成長への反転が見られる（実質GDPはコロナショックまで）。緩和以来、実質GDP、名目GDPとも、それ以前に比べて安定的に上昇している。2008年のリーマンショック後に回復はしたが、特に名目GDPは、初期の回復の後は横ばいに近いものだった。緩和がなければ、この停滞が続いていただろう。2012年から2024年まで緩和後12年間の実質GDPの年平均成長率は0・6%、緩和以前の12年間成長率も0・6%である。名目GDPは、緩和以後が1・7%、緩和以前がマイナス0・6%である。緩和以前にはリーマンショックがあり、緩和以後には2度の消費税増税とコロナショックがある。なお、異次元緩和以前の2001年から2006年までも金融の量的緩和政策で成長率が高まった時

図1－15　異次元緩和前後の1人当たりGDP

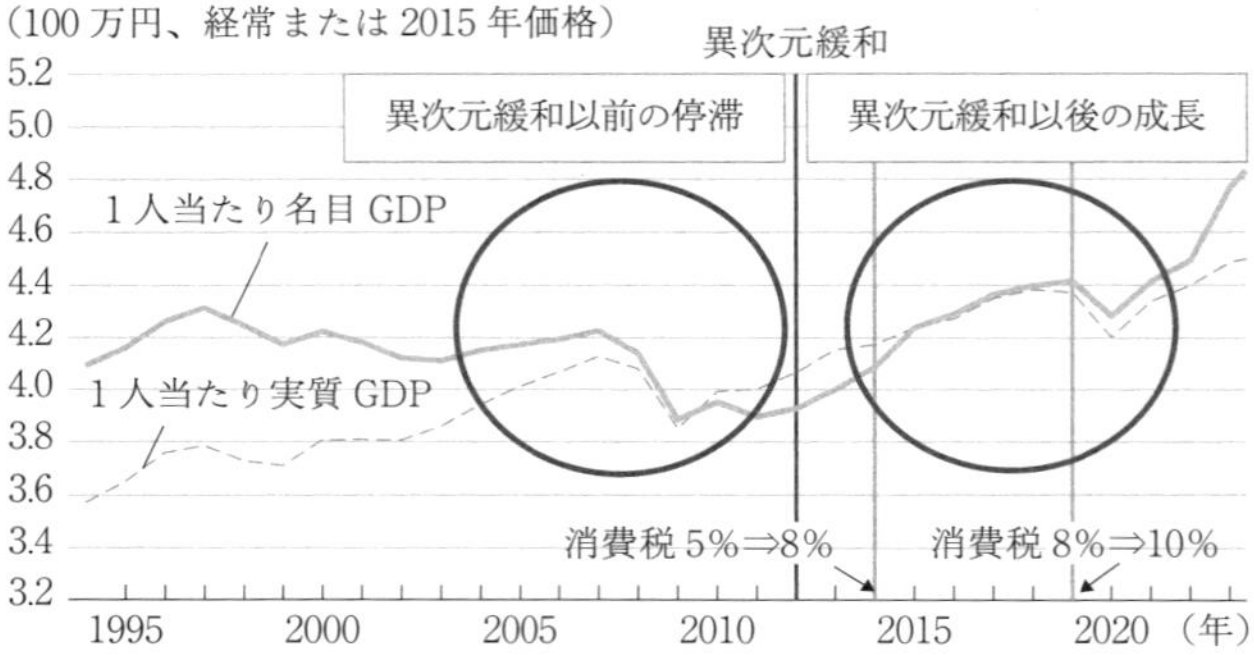

(出所) 内閣府「国民経済計算」、統計局「人口推計」
(注) 1人当たり実質GDPの2001－12年の年平均成長率は0.5%、2012－23年は0.9%。1人当たり名目GDPの2001－12年の年平均成長率は-0.7%、2012－23年は1.3%。2012－23年の総人口の年平均成長率は-0.2%、2001－12年の成長率は0.1%、生産年齢人口では-0.8%と-0.5%である。差分はどちらも0.3なので1人当たりにするとどちらでも緩和後11年間の年平均伸び率が0.3%高くなる(1人当たり実質GDPが0.4%高くなるのは四捨五入のため)。

代があることにも留意すべきである。12年間の実質GDPの年平均成長率は高まっていないが、名目GDPでは2・3%ポイントも高まっている。さらに、1人当たりにすると実質GDPでもまた異なった様相が見えてくる。

図1－15は、これらを1人当たりにしたものである。1人当たりにすると2012年から2024年まで緩和後12年間の実質GDPの年平均成長率は0・9%、緩和以前の12年間の成長率は0・6%、成長率はコロナショックの期間を含めても0・3%ポイント高まった。名目GDPでは1・9%とマイナス0・6%である。

1人当たり実質GDPでも0・3%

ポイントしか成長率が高まっていないではないかという批判があるだろうが、年0・3％高い成長をすることによって12年後には実質GDPは3・7％増加する。12年後に実質GDPを3・7％大きくするとは大変なことである。たとえば、現在極めて生産性が低いが、GDPの1％しかない農業の生産性を12年間に倍にすることは、政治的には不可能でも経済的には大規模化などで不可能ではないと思うが、1％のものが2％になってもGDP全体では1％しか増加しない。年平均成長率が0・3％高まったとは、異次元緩和政策の大きな成果である。

日本の経済学者やエコノミストは、金融緩和ではなく構造改革をするべきだと盛んに述べるが、具体的に何をするかを明確にして、かつ、それがGDPをどれだけ拡大するかを示すのを筆者は知らない（本章第9節のゾンビ企業論を参照）。もっとも簡単な構造改革は、「年収の壁」問題だと筆者は思うが、それについての提言も聞いたことがない。「年収の壁」とは、年収が1円でも増えると社会保障保険料が一挙にかかることによって、手取りの年収増加がマイナスになって、労働時間を減らしてしまうという問題だ。社会保険料も税なのだから、税の原則から考えてもおかしなことである。日本の税は、公平でも中立でも簡素でもないのだから、これが日本の成長を抑制しているのは明らかだ。このような税を是正することによって筆者の試算ではGDPは6・2兆円増加する（原田2024、

図1−16　労働時間調整実質賃金、労働時間当たり実質GDP、1人当たり実質GDP

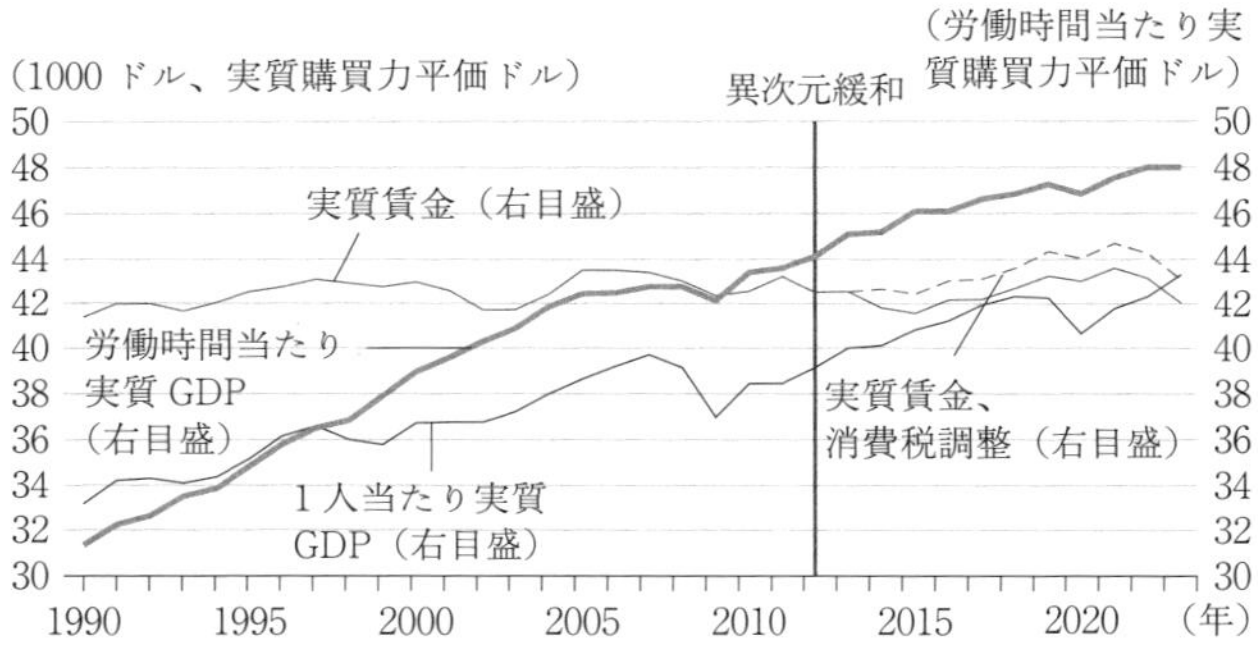

（出所）OECD, Data Explorer
（注）OECD労働時間調整賃金は2022年実質購買力平価ドル、労働時間当たり実質GDP、1人当たり実質GDPは2017年実質購買力ドル。実質賃金の消費税調整は、2014年以降に1.021、2019年以降に1.024を掛けたもの。

11・27）。

7　生産性は上昇したのか

1人当たり実質GDPが伸びているとは労働生産性が伸びていることを示唆する。このことを図1−16のOECDの労働時間当たり実質購買力平価GDP（労働生産性）、労働時間調整の実質賃金で見てみよう。労働生産性は、緩和以前の11年間で年平均で1・0%、緩和後は0・8%とむしろ低下してしまう。労働時間調整の実質賃金を見ると、緩和以前の11年間の年平均で0・0%、緩和後はマイナス0・1%と低下してしまう。しかし、これは消費税増税による実質賃金の2・4%分の低下が入っている。

この影響を取り除くと、緩和後は0・1％と上昇している。また、OECDの推計した人口1人当たりの実質購買力平価GDPは、緩和以前は0・6％、緩和後は0・9％と上昇している。これは当然のことだが、前掲図1－15の日本の数字とほとんど同じである。

生産物を、働いている人あるいはその全労働時間で割った生産性で見れば、生産性の低い企業を閉鎖して、働いている人を解雇すれば生産性が上がる可能性がある。しかし、そのような生産性の上昇は前述のように失業率を高めるので望ましくはない。意味のある生産性は、生産物をすべての人口で割ったものであるだろう。この「生産性」で見ると、前述のように、緩和以前は年率で0・6％、緩和後は0・9％と0・3％ポイントの上昇が見られる。これは大きな違いである。

以上、第1節から述べてきたように、雇用もGDPも生産性も、緩和後の安定した増加が確認できる。

8　低金利政策が低成長を招くという誤り

以上述べたように、異次元緩和政策によって生産性が上昇しているのだが、低金利政策が生産性を低下させるという議論は尽きない。「1％以下の金利でなければ採算が取れないような投資をいくらしても、経済は成長しない」という議論がある。ゆえに、低金利政策はむしろ低成長をもたらすか、そうでなくても成長を回復させない、という意見である。だから、金利を高くして、高い金利を払える企業だけにすれば、経済はよくなるという。プリンストン大学の清滝信宏教授は、「実質利子率がマイナスでなければ採算がとれないような投資をいくらしても経済は成長しない」と書いている（「補助金・金融緩和頼み脱却を」『日本経済新聞』２０２４年3月4日付）。しかし、本当に、日本の企業は１％以下の金利でなければ採算の取れないような非効率な投資をしているのだろうか。

†企業は利益の上がる投資をしている

図１－17は、内閣府「国民経済計算」統計から、企業利益（営業余剰・混合所得）、雇用者報酬、国民所得と民間企業設備資本ストックの関係を示したものである。ここで営業余剰とは企業利益だが、混合所得とは個人企業の利益と労働所得を加えたものである。本来、個人企業の所得も利益と労働所得に分けられるはずだが、それは面倒であまり当てにならない数字を作ることになるので、どの国でも両者を合わせた混合所得として計算し、通常、営業余剰・混合所得を企業の利益、雇用者報酬（社会保険の企業負担を含む）を労働者の所得としている。両者を合わせたものが国民所得であり、国民所得に減価償却を加えたもの

図1－17　実質国民所得、雇用者報酬、営業余剰と実質民間企業設備ストック

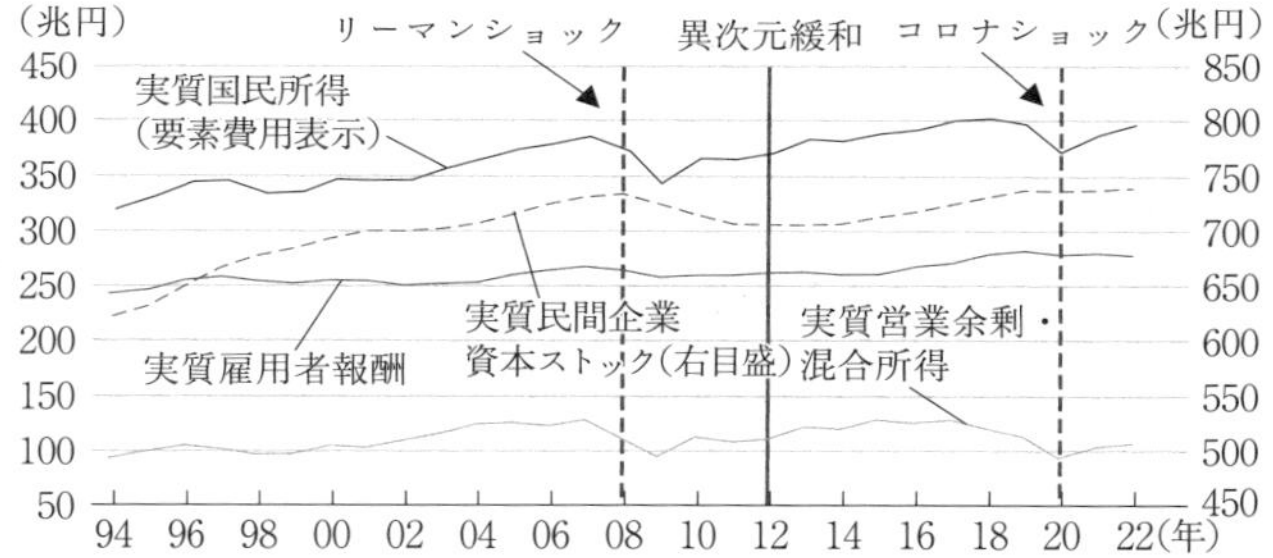

（出所）内閣府「国民経済計算」「国民可処分所得と使用勘定」「期末固定資本ストック（実質原系列）」
（注1）経済ショックは2008年のリーマンショックと2020年のコロナショック
（注2）国民所得、営業余剰・混合所得はGDPデフレータで実質化している。

がGDPとなる（正確に言うと、国民所得（要素費用表示）＋純間接税（生産・輸入品に課される税－補助金）＝GDP。これらの関係については、内閣府経済社会総合研究所「国民経済計算（GDP統計）」「基礎から分かる国民経済計算1　SNAの見方」を参照）。

なお、資本ストックは実質であるので、国民所得などもGDPデフレータで実質化している。この間、デフレ状況にあったのでデフレータはあまり動かず、名目と実質はほとんど同じ動きをしている。

これらの推移を見ると、資本ストックの増加とともに国民所得（営業余剰、雇用者報酬と分けて説明すると煩瑣になるので、国民所得だけで説明している）などが伸びていたが、97年、98年のアジア通貨金融危機、日本の金融危機の影響

で国民所得が減少している。その後2008年のリーマンショックまで資本ストックと所得は伸びていたが、リーマンショック後、特に資本ストックが停滞し、国民所得が2008年のピークに戻るのに2016年までかかった。その後、異次元緩和の行われた2013年から2020年のコロナショック以前まで資本ストックも国民所得もともに伸びた。

要するに、資本ストックが伸びれば国民所得も伸びていた。ただし、因果関係は微妙で国民所得が伸びるから資本ストックを伸ばしていたのかもしれない。特に2009年以降の資本ストックの減少は国民所得が減少し、利益が大きく減ったので投資を手控え、結果として資本ストックが減少したのかもしれない。

†金利と利益率の関係を見てみると

次に図1−18で、金利と資本増加率と利益率、民間企業設備投資の関係を見てみよう(金利以外は実質値である)。グラフの期間で長期金利は傾向的に低下していたが、2021年以降わずかに上昇している。利益率はリーマンショック前までとコロナショック前まで上昇していた。利益率の上昇とともに設備投資対GDP比率が上昇し、資本の増加率も上昇していることがわかる。金利の低下は、直接に投資を拡大するとともに、様々な経路を通じて、需要を喚起し、需要が増えることで利益率が上昇し、投資もまた増加させる。

図1－18　金利と資本増加率と利益率、民間企業設備投資

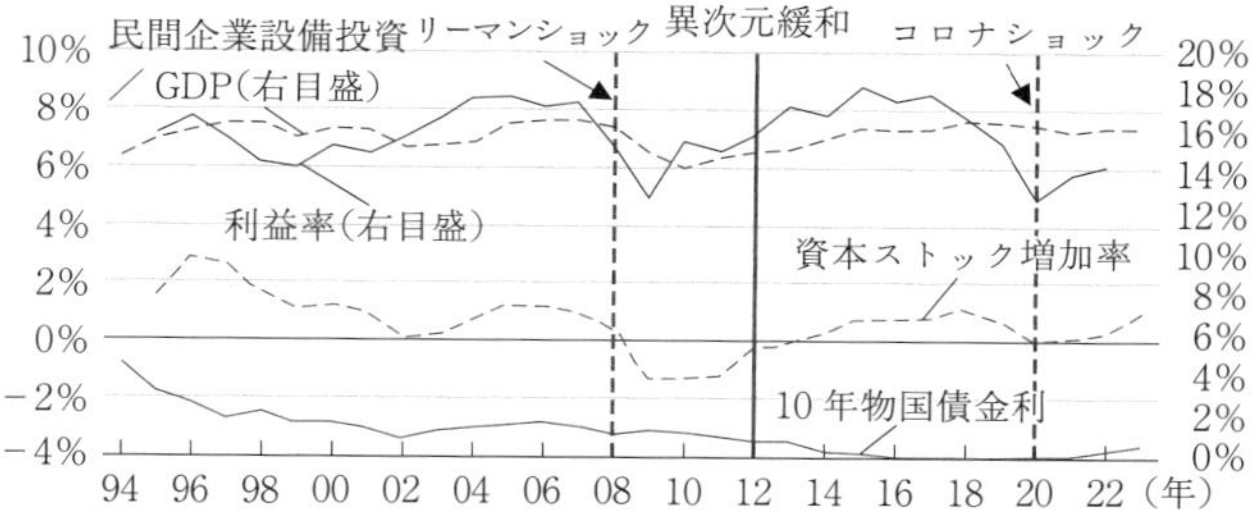

（出所）内閣府「国民経済計算」「国民可処分所得と使用勘定」「期末固定資本ストック（実質原系列）」
（注1）経済ショックは2008年のリーマンショックと2020年のコロナショック。
（注2）資本増加率は民間企業設備ストック（実質）の増加率。利益率は実質営業余剰・混合所得÷前年の民間企業設備投資ストック（実質）。民間企業設備投資、GDPは実質。

利益率は12%から18%の間を動いている。金利が低下してからの方が、投資のリターンが高まった。もちろん、低金利だから効率的な投資をしているというわけではなく、企業は、金利が高かろうが低かろうが効率的に投資をするものだということだ。また、この投資には景気改善による人手不足がもたらした省力化投資が含まれている。低金利政策が投資の効率を低下させて、経済成長率を低下させるという主張には根拠がない。

逆に、そもそも金利を上げたら経済が成長するかどうかを考えてみたらどうだろうか。金利を上げてみると低金利でやっと成立している企業は破産してしまう。ダメな企業がなくなってよい企業ばかりになるので、経済は発展するだろうか。そうは言えない。なぜならよい企業に

とっても金利が高くなるので、よい企業も投資を減らすことになる（もちろん、雇用も減らす）。日本は現在でも投資が不足している。日本の資本ストックは2000年以降伸びなくなった（図1－18で、資本ストックの増加率はゼロの周りを動いている）。資本ストックの停滞とともに、GDPも伸びなくなった（原田2024、図1－6－1）。投資が減ればその累積である資本ストックも減ってGDPも伸びなくなるだろう。

資本ストックの停滞の前に、当然ながら、投資が停滞していた。主要国の設備投資を1990年を100として示すと、2023年には、韓国が345・8、アメリカが278・4、イギリスが210・1と倍以上になっているのに、日本は89・9と低下していた。これでは実質GDPが伸びるわけがない。実質GDPを1990年を100として示すと、2023年には韓国が439・4、アメリカ222・7となっているのに日本は131・6にしかなっていない。日本の投資が伸びなかったから日本のGDPも伸びなかったのは当然の結果だろう。（原田2024・5・31）。

金利を無理矢理上げれば、低金利でしか存続できない企業は倒産してしまい、生き残った企業も、これから発展するかもしれない企業も資金調達に制約を受け、投資を減らす。倒産の増加と投資の減少が起きるのだから、GDPも減少し、失業も増加する。投資には、研究開発投資も含まれるのだから、技術進歩も低迷する。金利を上げて経済が成長することはありそうでない（以上は原田2024・6・22による）。

9　低金利政策がゾンビ企業を残し、低成長をもたらすという主張は誤り

低金利が、生産性の低いゾンビ企業を存続させ、結果、生産性も給料も上がらないという議論がある。たとえば、「「異次元金融緩和」で円安にして国際競争力が低下した輸出産業の後押しをするとともに、実質的には経営破綻（利益で借入金の利子を払うことができない状態）に陥っていながら利払い猶予（モラトリアム）で経営を続けている「ゾンビ企業」を延命させてきた。言い換えれば、労働生産性が低くて成長できない日本企業に〝助け船〟を出したわけで、いわば異次元金融緩和は、いまアメリカで過剰摂取が社会問題化しているオピオイド（麻薬性鎮痛薬）のようなものである。岸田政権もそれを継承し、黒田日銀は異次元金融緩和を10年近く続けている。これでは日本企業の労働生産性が上がるはずがないから、給料も上がるわけがない。」という（大前2022）。大前氏の主張のうち、円安が労働生産性を低めるという部分については第2章第8節「円高は日本を低圧経済にする」で解説する。

ゾンビ企業が日本経済の効率を大きく下げているという議論は、アカデミズムの一部で

も根強い。たとえば、「ゾンビ企業が大幅に増加した産業における生産性の上昇は低い」という指摘がある（星・カシャップ2013、30頁）。

ゾンビ企業とは、一般に、効率が低く、借金まみれで健全な経営状況にないにもかかわらず、銀行から追加融資を受けることで市場に残っている企業である。これによって市場の新陳代謝が遅れ、不況が長引くというのである。具体的には、利益に比して支払利息が多すぎる企業がゾンビ企業とされる。政府も2023年6月16日に閣議決定した「経済財政運営と改革の基本方針2023」、いわゆる「骨太の方針2023」で、こうしたゾンビ企業の退出を促す政策を実施する姿勢を見せている。

ゾンビ企業の認識において、ここには2つの誤りがある。第1は、ゾンビ企業、すなわち生産性の低い企業であり、生産性の低い企業を退出させれば残りは生産性の高い企業になるから、平均でも生産性が上がるという考え方である。第2は、ゾンビ企業がどういう企業なのかということについての認識の誤りである。

まず、第1の誤りから説明しよう。たしかに、効率の低い企業が退出すれば、残った企業は効率の高い企業なので、経済の効率は平均として高くなるかもしれない。しかし、前述のように、効率の低い企業が退出して失業が増えたら国民にとっての経済の効率は低下する。働いていない人の生産性はゼロだから、働いている人の生産性が上がっても、すべての日本人の平均の生産性は上がらない。

すなわち、働いている人の生産性はもちろん大事だが、国民全体の生産性はもっと大事だということだ。また、失業率が低くなれば、企業が人材を求め、高い賃金を払ってくれないゾンビ企業から労働者が流出するだろう。これは失業者を生まない過程である。人々は、ゾンビ企業にいるより生産性の高い企業に移った方がより高い賃金を得られる。こうなれば、ゾンビ企業は存続できず、かつ、失業者も生まれない。

第2は、ゾンビ企業は、不況から生まれるということである。一般に、ゾンビ企業は利益に対して利払いの多すぎる企業と定義されている。ところが利益が上がらないのは売り上げが増えないからである。名目GDPが増えない状況では売り上げも増えない。したがって、名目GDPが増加している時、好況の時にはゾンビ企業は減少する。すなわち、ゾンビ企業が経済を停滞させるとは因果関係を逆に捉えているのであり、景気が良ければゾンビ企業は減少する（さらに詳しくは、原田2024、第2章第3節「『ゾンビ企業』は経済効率を下げる元凶なのか？」参照）。

日本銀行のレポートでも、「業績が悪くて回復の見込みがないにもかかわらず、銀行業等の支援で存続している」企業〔これはゾンビ企業と言える〕の全企業に占める割合は、大企業、中小企業ともに、2005年以降ではリーマンショック後の2009年または2

010年がピークで、異次元緩和とともに低下し、コロナショックで上昇したことを示している（日本銀行2024・12・19、1（4）58頁、図表1‐4‐18参照）。これも不況がゾンビ企業を生むのであって、その逆ではないこと、異次元緩和はむしろゾンビ企業を減少させたことを示している。また、低金利は、革新的な技術やアイデアで市場を開拓し、急成長を目指すスタートアップ企業の資金調達を容易にする。

10 所得格差も縮小

さらに、図1‐19に見るように、所得格差も縮小した。広く使われる相対的貧困率（中位の所得の人の半分以下の所得の人が人口の何％いるかという格差の指標）で見てもジニ係数（0と1の間をとる指標で、数字が大きいほど格差が大きい）で見ても格差は縮小している。大胆な金融緩和で失業率が低下したからである。失業者は所得のない人だから、失業が減って所得ゼロの人の所得が増えれば所得分配が改善するのは当然である。

労働所得ではなく、資産を見れば所得分配は不平等になっているという反論があるかもしれない。豊かな人は株や土地などの資産をより多く持ち、貧しい人は持っていない。景気が改善して株価や地価が上がれば、資産分配は不平等になるというのである。その通りだが、では、資産分配がより平等になるために景気が悪化して、資産価格が下がった方がよいという訳にはいかない。
また、２０１２年以降、景気回復で税収が増加している。資産分配の不平等をあげつらうより、増加した税収を用いて相対的貧困率の一層の低下を実現した方がよいのではないか。

図１－19　相対的貧困率とジニ係数の推移

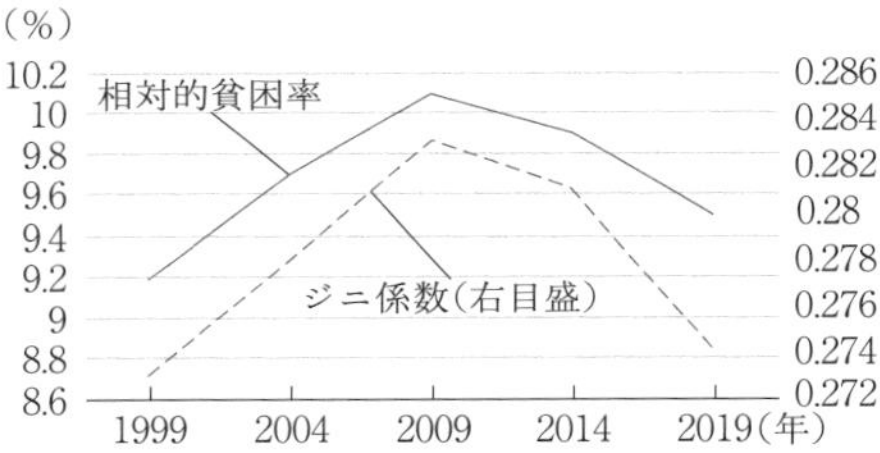

（出所）総務省統計局「2019 年全国家計構造調査 年間収入・資産分布等に関する結果 結果の要約」2021 年 8 月 31 日（これが最新のデータ）
（注）いずれも等価可処分所得に関する値。

以上述べたように、所得分配は改善している。しかし、相対的貧困率や特にジニ係数では、所得分配についての直感的な手触り感が欠けているかもしれない。よく(1)実質可処分所得が増えていないこと、(2)上位所得者の所得が増え、中位が増えていないという批判がある（ＮＨＫニュース「アベノミクスの総括」２０１９年11月17日放送）。しかし、そんな事実はない。

まず、(1)から見てみよう。図１－20はＧＤＰベースの名目と実質の家計可処分所得を見たものである。実質可処分所得は２０１４年の消費税増税で低下した後、２０２０年度まで増加している。しかもこれは、２０

図1－20　可処分所得の推移

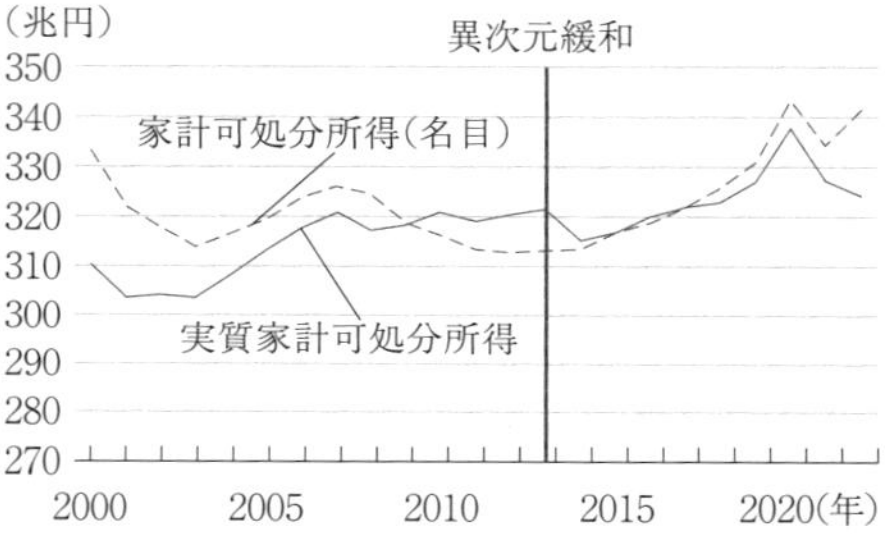

（出所）内閣府「国民経済計算」
（注）実質家計可処分所得＝家計可処分所得（名目）÷家計最終消費支出デフレータ。実質可処分所得は2015年価格。

14年度に5％から8％に引き上げられた消費税増税と2019年10月からさらに10％に引き上げられた消費税増税のマイナスの影響がある。そのハンディの中でも実質可処分所得が増えていた。なお、2020年度、コロナの最中に可処分所得が増大しているのは、1人当たり10万円の給付金、持続化給付金（うち個人事業主分は家計への移転となる）、GOTOトラベル、家賃支援給付金などの政府支出があったからだ。22年以降の実質可処分所得の低下はエネルギー価格の上昇によるものである。

(2)の中位所得者の所得が増えていないというのはどうか。たしかに、世帯当たりの平均所得、特に中位所得（所得の低い人から高い人を並べて真ん中の人の所得）が増えていないのは事実である。厚生労働省「国民生活基礎調査」によれば、世帯当たりの中位所得は2012年から2022年までで低下している。しかし、これは世帯当たりの人数が減っているからである。図1－21で、世帯人数1人当たり

図１－21　世帯人員当たりの平均実質所得と中位所得

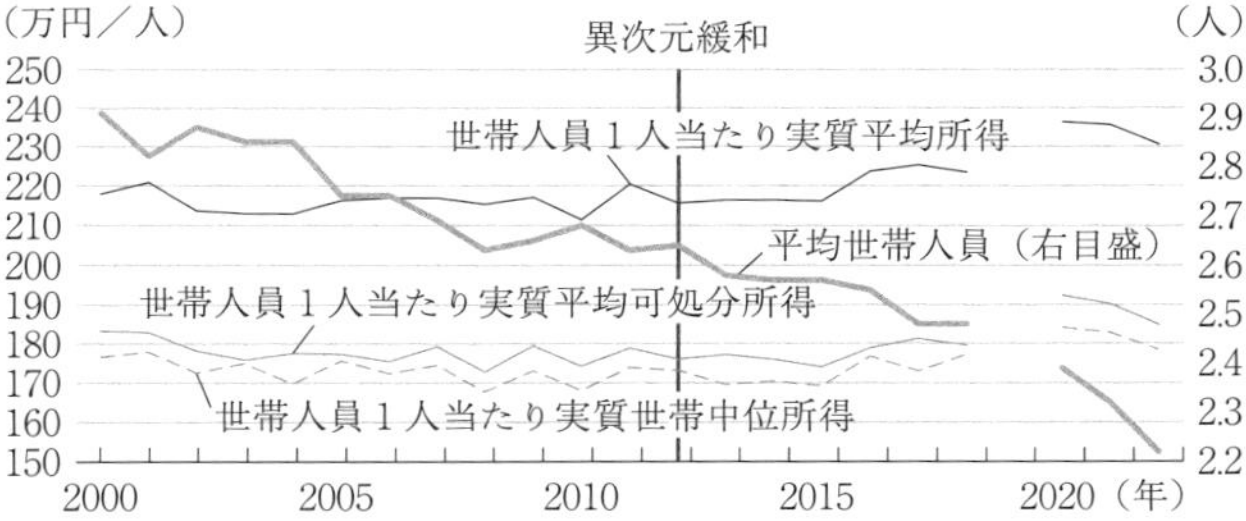

（出所）厚生労働省「国民生活基礎調査」
（注）2019年は、調査（令和元年の所得）を実施していない。実質は名目値を消費者物価指数（総合）で除したもの。

の平均実質所得、平均実質可処分所得、中位実質所得を見れば、２０１２年から22年にかけて、それぞれ６・９％、５・０％、３・０％と増えている。世帯当たりでなく、むしろ１人当たりの所得を考えるべきである。

図１－22は給与所得者の所得階級別の人数とシェアを見たものである。図には、人数とシェア（小数）の両方の数字を書き込んである。アベノミクスの開始以前の２０１２年、年収４００万円以下の人は２６８８万人いたのだが２０２３年には２５７１万人と４・４％減少している。一方、年収４００～８００万円の人は１５０３万人から１９４３万人と29・３％も増えている。８００万円以上の人は３６５万人から５６２万人と54・０％も増えている。つまり、中位以上の所得の人は増えているのである。

図にはそれぞれの所得の人のシェアも記している。

図1－22　所得階級別の人数とシェア

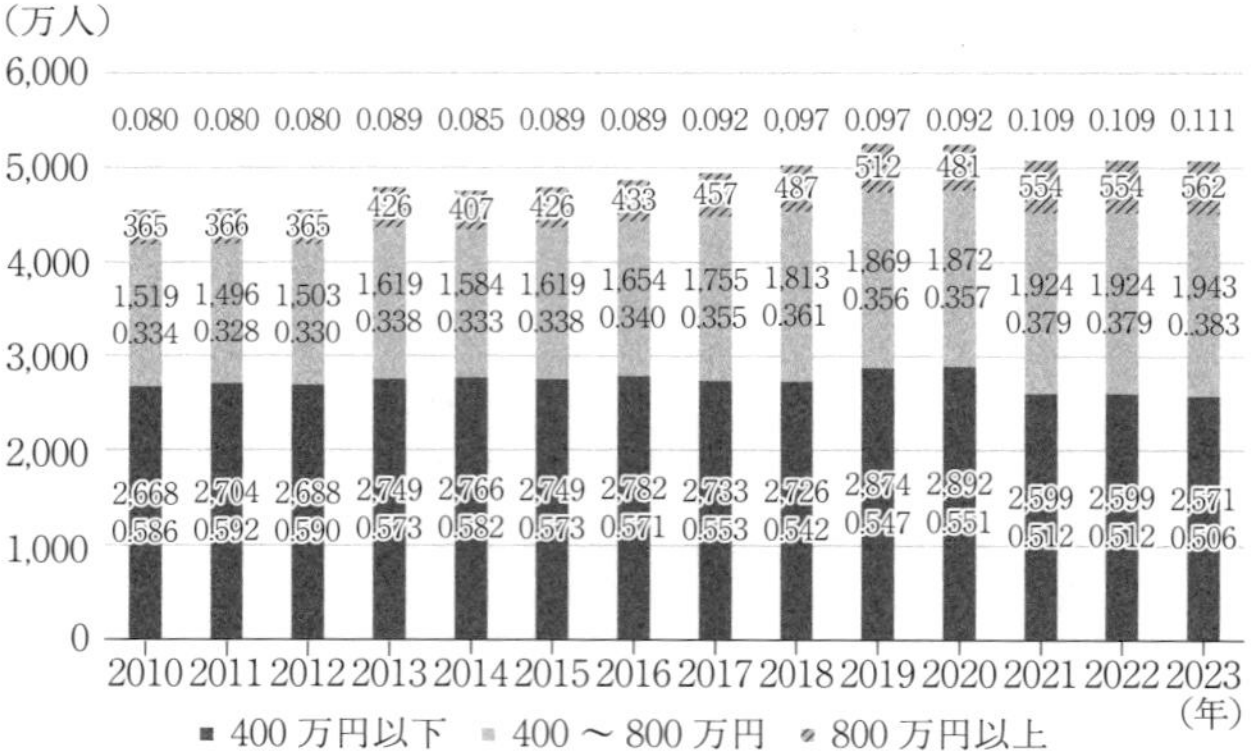

（出所）国税庁「民間給与実態統計調査結果」2023年
（注）労働者数の合計が2019年以降減少しているのは、この統計が1年を通じて勤務した給与所得者を対象としており、コロナ中及びその後就業に中断が入ることが多かったからである。

割合で見ても、400万円以下の所得の人が減少し、400万円以上、800万円以上の所得の人が増えている。大規模な金融緩和は、多くの人に恩恵をもたらしたのである。

11　自殺者も減少している

図1－23は、自殺者数と失業率の関係を示したものである。景気が悪くなって失業率が上がれば、自殺する人も増える。失業が増える状況では、倒産も増えて自営業者の自殺も増加する。異次元緩和による失業率の低下とともに自殺率が低下している。2020年以降失業率と自殺率の同時上昇が見ら

れるが、これはコロナショックによるものだろう。この関係は、単なる統計的相関関係であって、因果関係ではないと言う方もいるかもしれないが、澤田・上田・松林（２０１３）の厳密な実証分析でも、これは因果関係とされている。

自殺者とはもっとも不幸な人だろう。自殺者の減少とは、もっとも不幸な人が減少したことを示す。異次元緩和によって幸福の格差が縮小されたと言ってもよいだろう。

図1-23　失業と自殺者数の推移

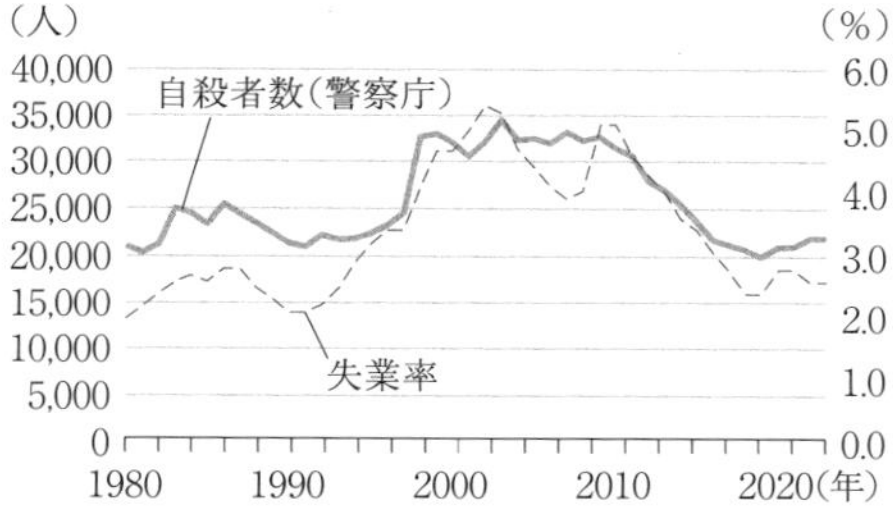

（出所）総務省「労働力調査」、警察庁「自殺の概要資料」

12　財政状況の改善

名目と実質のGDPが増加するということは税収が増加するということである。図1-24に見るように、政府収入の対GDP比は12年からコロナ前の19年には3・8%ポイントも上昇している（財務省データではなくて、IMFデータの一般政府で説明している。包括的な財政状況を見るには、こちらのデータが望ましい。なお、一般会計でも、ほぼ同じことが言える。一般会計のデータは、原田２０２４、

図１－24　異次元緩和と一般政府収入、支出、収支（対 GDP 比）

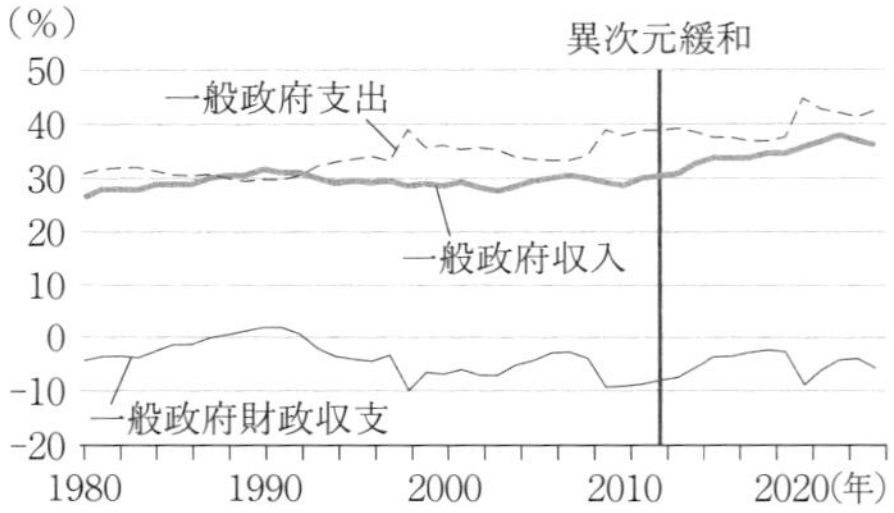

（出所）IMF, WEO database, October 2024

第４章第２節「日本の財政は本当に危機的なのか？」参照)。

また、実質ＧＤＰが増加すれば、不況対策の必要が小さくなる。結果、政府支出の対ＧＤＰ比は、２０１２年から２０１９年で１・３％も低下している。税収が伸び、政府支出が減少しているので、財政収支の対ＧＤＰ比は12年のマイナス８・２％からコロナショック以前の19年にはマイナス３・０％へと、５・２％ポイントも改善した。うち、５％から８％への消費税増税による改善分は１・５％分でしかない。これだけ財政状況が改善しているなら、消費税増税は不要だったのではないか。

日本の財政状況が深刻で、歳出と歳入の差はワニの口のように開いていると言われるが、ワニの口などどこにもない。

ここでの教訓は、金融緩和政策でＧＤＰが増加すれば、財政は改善するという単純なことである。不十分な量的緩和（２００１〜２００６年）をしていた速水総裁（在任１９９８

〜2003年)、福井総裁(在任2003〜2008年)の時代にも前掲図1-24からわかるように財政赤字は縮小していた。これらの事実を認めない人が多いのには困ったものである(例外は中里2022・6・28)。

さすがに政府も財政状況の改善を認めだした。内閣府「中長期の経済財政に関する試算」(2024年7月29日、経済財政諮問会議提出)によると、2025年度のプライマリーバランス(基礎的財政収支、政府収入−公債費(元本償還+金利払い)を除く政府支出)は黒字に転換するという。ただし、2024年12月に石破茂内閣で13・9兆円の補正予算を決定したので、2025年度にはプライマリーバランスの黒字転換は達成できない(内閣府「中長期の経済財政に関する試算」2025年1月17日、経済財政諮問会議提出)。

図1-25 異次元緩和と一般政府債務残高(対GDP比)

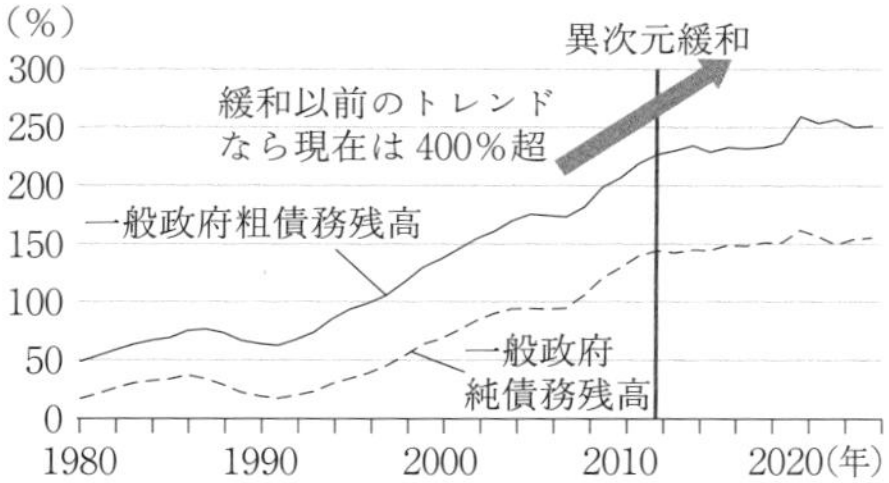

(出所)IMF, WEO database, October 2024

債務残高で見ると

さらに、フローの財政赤字ではなくて、赤字を累積した、債務残高で見てみよう。図1-25は、一般政府の政府債務残高と政府純債務残高の対名目GDP比を示したものであるが、いずれも安定している。これには、名目GDPの拡大も寄与している。

コロナがなければ、19年10月の消費税増税もあって、財政赤字はトレンドとしてゼロに近づいていったことは間違いない。その結果、政府債務残高の対名目GDP比、政府純債務残高の対名目GDP比も低下していっただろう。

なお、多くの人が政府純債務残高ではなく、政府債務残高に注目するが、政府の債務は金融資産を引いた純債務残高で考えるべきである。企業の財務状況を判断するときは、負債だけではなく、その企業が所有する金融資産も考慮に入れるのと同じことである。

もし異次元緩和がなければ、政府債務残高対名目GDP比は、それ以前のトレンドで上昇し、2023年にはコロナの影響を考えなくても、400%を超えていただろう。

†国際比較で考える

異次元緩和によって、名目GDPがわずかながらでも伸びたことによって財政状況も好転したことを国際比較によって再度考えてみよう。図1-26は、主要国(G7)の名目GDPを1990年=100として推移を示したものである。図から明らかなように、1990年から2023年まで、他の国が2・7倍から4・5倍に増加しているのに、日本は

1・3倍にしか増加していない。

名目GDPが増加しなければ税収も上がらない。図1－27は一般政府の政府収入を1990年＝100として推移を見たものである。ドイツとアメリカは、データが欠落しているので、ドイツは1991年＝100、アメリカは2001年＝100として図示している。ここでも日本は、他の国が2・9倍から4・7倍に増加しているにもかかわらず、1・5倍にしか増加していない。

ただし、名目GDPが1・3倍にしかなっていないのに政府収入が1・5倍になっているのだから、増税しているわけである。この増税には、1997年、2014年、

図1－26　名目GDPの推移（1990年＝100）

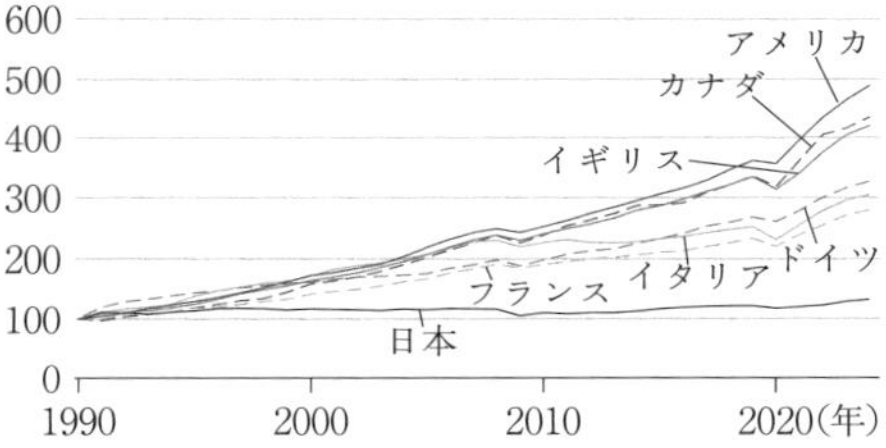

（出所）IMF, WEO database, October 2024

図1－27　政府収入の推移

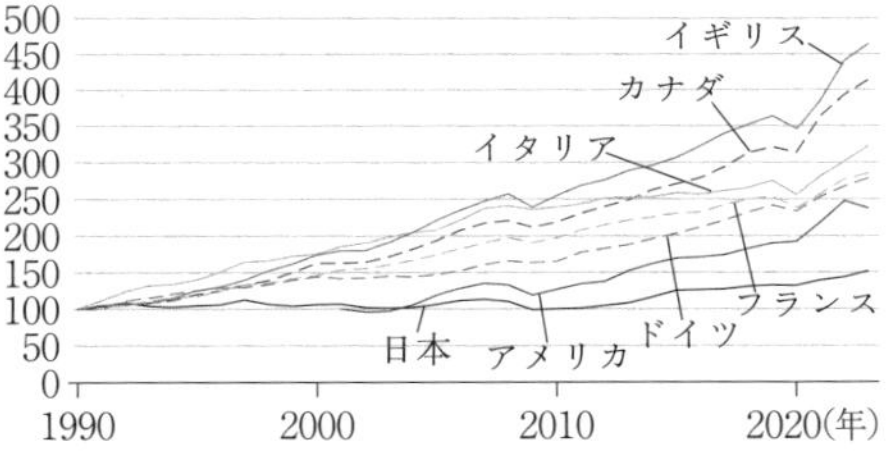

（出所）IMF, WEO database, October 2024
（注）データが欠落しているので、ドイツは1991年＝100、アメリカは2001年＝100とした。

2019年の3度にわたる3％から10％への7％ポイントの消費税増税が含まれている。1％の消費税増税でGDPの0・5％の税収といわれているので、GDPの3・5％（0・5×7）分は消費税増税によるものである。さらに、社会保険料の引き上げがある。ここでの政府収入は、中央政府・地方政府・社会保障基金を含めた一般政府のものなので、社会保険料も含まれる。2004年に13・93％だった社会保険料が2017年の18・3％まで4・37％ポイント引き上げられた。ここでの分母はほぼ雇用者報酬で、雇用者報酬はGDPの53％なので、GDP比2・3％ポイント（4・37×0・53）の増税となる。

日本の政府収入対GDP比率は1990年で26・4％、2023年は36・7％だから、この期間に10・3％ポイント上昇している。一方、消費税増税分は3・5％ポイント、社会保険料の引き上げ分は2・3％ポイントだから残りの4・5％（10・3－3・5－2・3）ポイント分は名目GDPが増えたことによる自然増収である。つまり、名目GDPが増加していないので税収が上がらなかったことが、日本の財政悪化の主要な要因であると筆者は考える。

†名目GDPが増えれば政府支出も増やさなければいけないのか

しかし、そうではないという反論があるだろう。名目ＧＤＰが増加し、賃金や物価が上がれば増やさなければならない政府支出はたくさんある（ここでの政府は一般政府なので社会保障基金から支出する年金なども含まれる）。名目ＧＤＰ増大による政府収入だけを考えるのは一方的で、増やさないといけない政府支出についても考えなければならないというのだ。たしかに、年金は賃金にほぼ比例するように増やさないといけない。公務員賃金もそうだ。医療や福祉の人件費も、世間の賃金が上がっていれば増やさないといけない。政府の購入する資材や公共事業費も増やさないといけない。だから、名目ＧＤＰが増加し税収が増大しても、政府支出も増やさないといけないから、財政赤字は減らないというのだ。しかし、名目ＧＤＰが増加しても、あまり増やさなくてよい項目もある。

年金は賃金にほぼ比例するように増やさないといけないと書いたが、賃金の上昇率をわずかに下回ってもよいことになっている。物価が上がれば年金は上げねばならないが、デフレの中で物価が下がっても年金を下げることはしてこなかった。つまり、デフレは、余計な支出を増やしていたのだ。また、名目ＧＤＰが増えているときは好況で、減っているときは不況である。不況であれば公共事業費や失業手当を増やすことになるが、好況であれば増やさなくてもよい。また、過去に作った債務は常に一定だが、名目ＧＤＰが増えれば、債務残高対名目ＧＤＰ比は低下し、実質的に債務が軽くなる。名目ＧＤＰが増えれば金利も上がるというが、90年代の前半は名目GDPが低下しても長期国債金利は高いままだった（もちろん、その後は金利が低下した）。また、名目GDPの成長率がマイナスになっても金利はプラスのままだった。名目GDPが増加すれば税収も増える。つまり、名目GDPが増加することは財政再建に有利な状況を作り出す。河村・藤井（2025、80頁）は、名目GDPと税収と政府支出の伸びは同じと仮定して名目GDPが伸びても財政は改善しないと主張しているが、これは仮定によってあまり現実的でない結論を導きだしているだけである。

†緩和と財政規律

異次元緩和で名目GDPが伸びて財政再建に有利な状況を作ったことは明らかだと筆者は考えるのだが、異次元緩和で政府が資金調達をしやすくなるので財政規律を低下させるという議論がある。石破茂総理も、その著書で、「［この異次元の金融政策を続けた］結果、国家財政と日銀財務が悪化しました」と書いている（石破2024、236頁。日銀財務については本書第3章第3節参照）。また、BNPパリバの河野龍太郎チーフエコノミストも、「（日銀が）物価安定を理由に国債の大量購入を続けることは、財政の中銀依存をますます強め、公的債務の制御不能な膨張をもたらす」と述べている（河野2022、29

0頁)。

借りやすくなるから政府が無駄遣いしやすくなるのは事実かもしれないが、であれば、増税して財政が楽になっても無駄遣いをするだろう。これは実際に東日本大震災で起きたことだ。復興特別所得税で増税をしたが、それで政府は賢く使うようになったのだろうか。結果は、驚くべき無駄遣いである(原田2012、第2〜3章、中里2022・12・5参照)。また、増税しなくても名目GDPの増加にともなう税収増で、政府支出の増加は止まらなくなっている(「税収増、予算再び膨張」『日本経済新聞』2024年12月28日付)。

異次元緩和以来、財政状況が改善しているのだから、緩和によって財政規律が強化されたと判断すべきである。また、前掲図1-24で見たように、政府支出の対GDP比はコロナショック前まで名目GDPが増加したことにより低下していた。このとき政府支出の絶対額ではほぼ横ばいであった。政府支出が増えていないのだから、財政規律は守られていたのである。コロナショックの対応の政府支出に無駄があったのは事実だが(原田2021、参照)、国民が死なないようにするのが政府の役割だから、政府支出が増えることはやむを得ない。

そもそも、財政規律を守るのは政府と国会の役割である。国会とは、王様がむやみに税金を取りたて、勝手気ままに戦争や贅沢に使えないようにするために、国民の代表が集まって成立したものである。国会と政府の下にあって、直接財政を担当する財務省の設置法には「第三条　財務省は、健全な財政の確保、適正かつ公平な課税の実現……」とある。財政規律の維持は、財務省の責任である。一方、日本銀行法には「第二条　……物価の安定を図ることを通じて国民経済の健全な発展に資する」とある。財務省が財政規律を守りやすくするために金利を上げることはその任務ではない。もし低金利が財政規律を緩めて迷惑だというなら、国会、政府、財務省が日銀に対して、「低金利で財政規律を毀損するから止めてくれ」と申し入れなければならない。日銀は、当然に「財政規律の維持はあなたの仕事で、私の仕事は物価の安定と国民経済の健全な発展ですから、お門違いでしょう」と答えるしかない。

実は、これに近い問答が実際にあった。国民民主党の前原誠司氏（当時）は、衆議院財務金融委員会で、「黒田総裁の……10年間で200兆円以上も国債が増えている……［日銀の保有国債は、異次元緩和を］始めた頃はまさに93兆円だったものが今は532兆円、……。［数字が合わないが原文のママ］つまりは、……この国の政府の財政節度を失わせるということは状況的に生まれてきてしまっている」と主張した。すなわち、日銀が金融政策のためと言いながら国債を購入するから、政府の財政規律が低下すると言っている。これに対して黒田総裁は、「財政政策というのはあくまでも政府、国会がお決めになる権限と責任を持っておられることですので、それについて申し上げることはありませんが、あくまでもこれは金融政策として行っていることで、財政ファイナンスとして行っているわけではないということはお断りしておきたいと思います」と答えている（第210回国会衆議院財務金融委員会、2022年11月18日）。回りくどい答えだが、本当は、財政規律は国会議員であるあなたの仕事でしょ、お門違いの質問は止めて欲しい、と答えたかったのではないかと、筆者は勝手に思っている。

日本は、法学部が支配している国だと思うが、少なくとも行政組織や中央銀行の在り方について法的思考が理解されないのはおかしなことだと思う。法の支配は当然だが、こんな体たらくで、世界に対して法の支配のお説教ができるのか疑問に思う。

†財務省がなぜデフレを阻止できなかったのか

分母（名目ＧＤＰ）を拡大させ、景気拡大による増収があれば、財政再建が楽になるというのは全く当たり前のことだと筆者は思うのだが、ほとんどの経済学者がこの方法を否定していた。そもそも、財務省がデフレを阻止し、名目ＧＤＰを拡大させていれば、財政赤字はこれほど拡大しなかったことは、異次元緩和後、財政赤字が縮小していることで明らかである。ところが、実際には、財務省や財務省よりの経済学者は、デフレを阻止するどころか、後述する反リフレの理論に則って、デフレ脱却を邪魔していたと私は思う。

もちろん、そうでない経済学者もいる。伊藤元重・学習院大学教授は、「公的債務比率の縮小には、分母の名目GDPを増やすことも重要だ。高い成長率が実現できない場合は、物価上昇で引き上げる必要がある」と述べている（伊藤2018・6・18）。

なぜ財務省がデフレを放置するのかという疑問は、日本銀行の国際コンファランスで、基調講演をしたマサチューセッツ工科大学のアタナシオス・オルファニデス教授に示唆を受けたものである（なお、教授の講演は、オルファニデス2018にある）。

13　株高は年金会計を通じてすべての国民の利益になる

財政状況が改善しているように、年金財政も改善している。公的年金の給付は、国民が政府に払った保険料、国庫負担（税金）、集めた保険料を株式などで運用した運用利益の3つから賄われている。景気がよくなって雇用が増え、賃金が上がれば年金保険料も増加するが株価の上昇も年金財政を助ける。それは2006年に発足したGPIF（年金積立金管理運用独立行政法人）の運用益が拡大しているからだ。GPIFとは、政府が集めた年金保険料を運用している組織である。この運用益が株高で上がっていれば、年金として国民に還元されるので国民にも利益がある。では、それはいくらだろうか。

政府がGPIFに預けたお金は運用寄託金と言われ、それが運用によって増加した（または減少した）結果の残高は運用資産残高と呼ばれる。運用資産残高と運用寄託金の差額が運用による利益（ただし、実現した利益ではないので含み益。以下、含み益とする）となる。ただし、含み益の一部は実現して国庫納付している。すなわち、

運用資産残高－運用寄託金＝含み益－国庫納付金

となる。含み益と国庫納付金がGPIFのもたらした運用益である。これらの数字を示したのが表1－1である。

GPIFが発足した2006年からアベノミクスの始まる前の2012年度（安倍内閣は2012年12月発足なので多少のずれがある）までの運用益を考えよう。運用寄託金は毎年の寄託金の投入が残高として示されている。したがって、2012年度の運用資産残高120・5兆円と運用寄託金106・7兆円の差13・7兆円（120・5－106・7）が含み益である（数字が合わないのは四捨五入のためである。文章中の数字は表1－1に基づく。以下同）。これと2006年度から12年度までの国庫納付の累積額6・1兆円の合計19・

表1－1　GPIFの運用資産残高、運用寄託金、含み益、国庫納付の推移（単位：兆円）

年度	運用資産残高	運用寄託金	含み利益	国庫納付	国庫納付（累積）
2006	114.5	96.6	17.9	2.0	2.0
2007	119.9	112.8	7.1	1.3	3.3
2008	117.6	125.0	－7.4	1.8	5.1
2009	122.8	121.4	1.4	0.0	5.1
2010	116.3	115.6	0.7	0.3	5.3
2011	113.6	110.5	3.2	0.1	5.4
2012	120.5	106.7	13.7	0.6	6.1
2013	126.6	104.8	21.8	2.1	8.2
2014	137.5	103.7	33.8	3.3	11.5
2015	134.7	106.6	28.2	0.3	11.7
2016	144.9	109.1	35.8	0.3	12.0
2017	156.4	111.5	44.9	0.9	12.9
2018	159.2	112.7	46.5	0.7	13.7
2019	150.6	113.2	37.4	0.8	14.4
2020	186.2	112.6	73.6	1.6	16.0
2021	196.6	113.7	82.9	0.8	16.8
2022	200.1	114.7	85.4	0.4	17.1
2023	246.0	115.6	130.4	0.4	17.6

（出所）2006～2023年度の運用資産残高、運用寄託金は財務省「国の財務書類」（平成16年度～令和5年度の各年度版）。含み益は運用資産残高から運用寄託金を除いて筆者が計算、国庫納付の額は、GPIF「2023年度の運用状況」、「業務概況書・データ集」のうち、「年金特別会計への納付額」のエクセルシートより作成。

8（13・7＋6・1）兆円が2006年度から2012年度にかけての運用益である。

次に、アベノミクスの始まった2012年度からデータのある2023年度を考える。2023年度の運用資産残高は248・0兆円、運用寄託金は115・6兆円、含み益は130・4兆円（246・0－115・6）となっている。GPIFは、国内債券、国内株式、外国債券、外国株式で運用しており、運用で上げた収益の一部が国庫に納付され、それ以外の大半は含み益として残っている。2012年度までに国庫納付額は累積6・1兆円、含み益が13・7兆円あり、合計19・8兆円が運用からもたらされた成果であった。その後、アベノミクスによる株高を受けて、2023年度までに国庫納付額は11・5兆円（＝17・6兆円－6・1兆円）増加し、含み利益は116・6兆円（130・4兆円－13・7兆円）増加し、2つ増加幅を合計した128・1兆円がアベノミクス後の利益と言える。

†GPIFが利益を上げられたのは運用方針が変わったから

GPIFが利益を上げられたのは株高のおかげであるが、運用方針が変わったからでもある。図1－28は、GPIFが国内外の債券、株式等にどのような比率で投資するかを示す基本ポートフォリオの割合を示している。2006年度の運用開始から、2013年6月までは、国内債券は67％と過半数を占めていたが、2014年10月にポートフォリオの

図1－28　GPIFの資産構成割合の推移

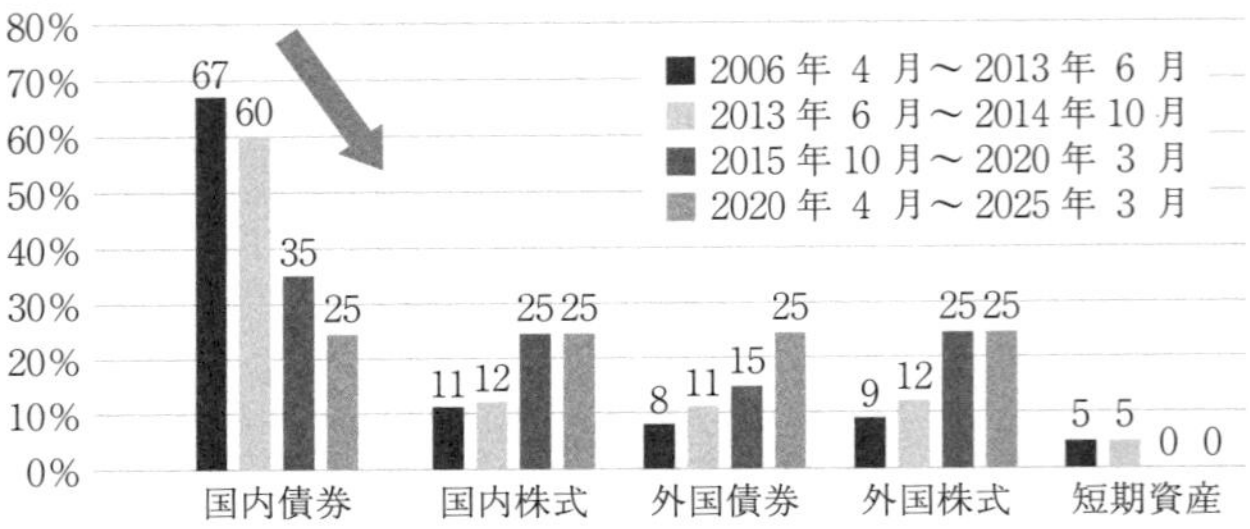

（出所）GPIF資料より「基本ポートフォリオの考え方」（https://www.gpif.go.jp/gpif/portfolio.html）より筆者作成。

見直しが行われ、国内債券の割合を直前の60％から35％まで大きく減少させた。その一方、国内株式を直前12％から25％、外国株式を直前12％から25％へとそれぞれ大幅に増加させた。この結果、国内株式、外国株式の上昇が、GPIFの利益に結び付くようになったのだ。このポートフォリオ変更も安倍晋三政権のイニシアチブによって行われたことである。

†GPIFの利益と年金財政

アベノミクス期以降のGPIFの運用益は128・1兆円であり、これはほとんどの国民に年金として還元されるはずである。もちろん、GPIFの利益が年金の増額になるわけではないが、年金保険料をいくらかでも上げなくてもすむという意味で、将来の国民の利益になるということである。

ただし、現在、政府が支払っている年金支出は年に

56・4兆円（2022年度の金額、国立社会保障・人口問題研究所「令和4年度社会保障費用統計」第20表　高齢者関係給付費の推移（1973〜2022年度）年金保険給付費等）であり、これは未来永劫に支払わなければならない金額である。しかも、この額は高齢者が増えるとともに増加していく。そう考えると130兆円は大した金額ではなく、年金会計をそう助けるわけでもないということになるが、ないよりもあった方がよいに決まっている。株高は、すべての国民の利益になっている。

14　景気の実感が改善した

「政府は景気がよくなったと言っているが、国民には、景気改善、生活向上の実感がない」という議論がある。

実感をどう理解するかだが、「お宅の生活は、去年の今頃と比べてどうでしょうか」と1954年から聞いている世論調査がある（途中、質問の聞き方が微妙に変化しているが、結果に大きな影響は与えていないようである）。この答えは、生活の実感を表しているものといっていいだろう。図1-29は、この答えの推移を示したものである。

これによると、「1年前と比べて、暮らし向きや生活がよくなった、向上した」と答え

図1－29　去年と比べた生活の向上感（％）

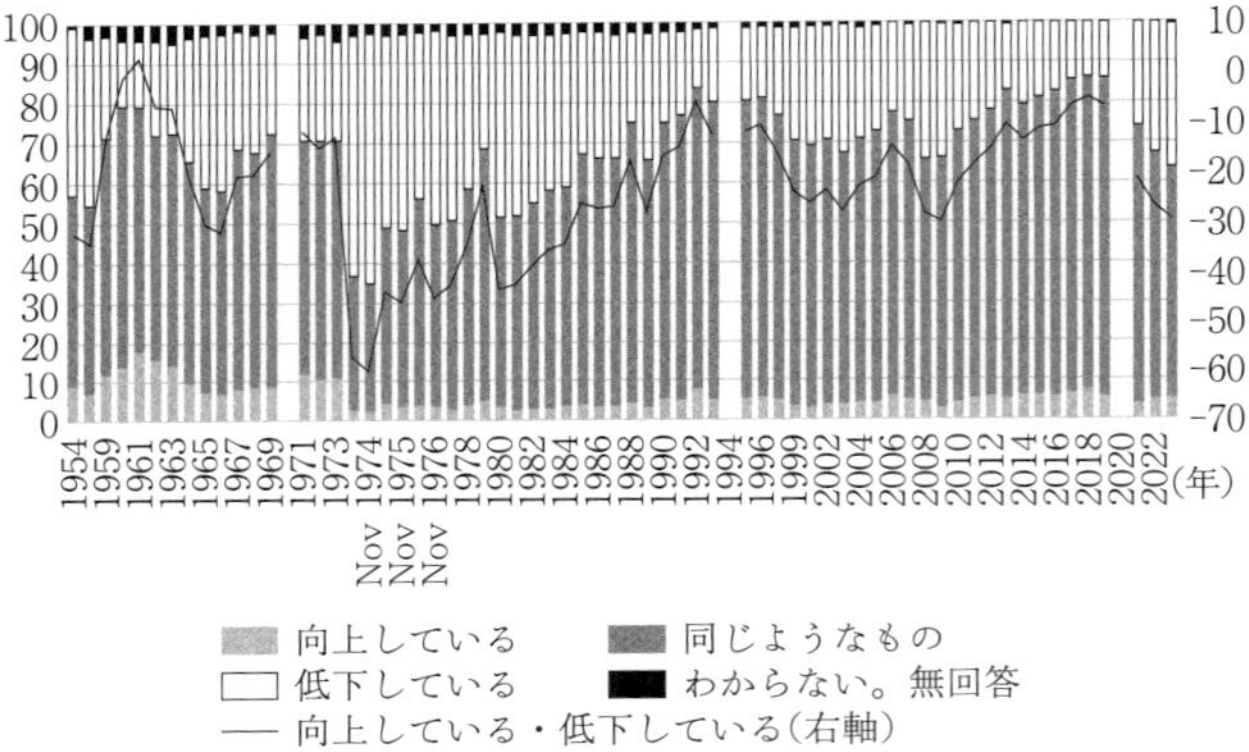

（出所）内閣府「国民生活に関する世論調査」
（注1）「お宅の生活は、去年の今頃と比べてどうでしょうか。向上していると思いますか、低下していると思いますか、同じようなものだと思いますか」と聞いている。調査年により多少質問の仕方がわずかながら異なる。
（注2）1974年から76年については1月または5月と11月の年に2回調査を行っている。

る人は極めて少ないことがわかる。コロナショック前の19年は5・5％だが、10％以上の人がよくなったと答えている年は、実質GDPが毎年10％で成長した高度成長期でも59～63年、71～73年にすぎない。人間は、なかなか生活がよくなったとは感じないものなのだ。

それでも、「向上した」から「低下している」を差し引いた指標を作ってみると、景気動向をかなり正確かつ敏感に反映して動いているようである。この差分の指標は、2012年にはマイナス16・4％ポイントだったが2019年にはマイナス8・6％ポイントに縮小した。アベノミクスは生活向上の実感を改善させたのである。ただし、コロナによって低下した後は回復していない。

第1章のまとめ

以上述べたように、異次元緩和政策は、雇用の改善、賃金の上昇、企業利益の増大、生産性の上昇、所得分配の改善、財政状況の改善、景気実感の向上と多くの成果をもたらした。これらの改善が十分なものではないという批判があるのは当然だが、異次元緩和以前よりよくなったことは明らかである。

現在、失われた30年という言葉がある。1990年頃から始まった失われた10年（原田1999『日本の失われた十年』参照）は、2010年頃には失われた20年になった（片岡2010『日本の失われた20年』参照）。さらに失われた30年とは、2012年末から始まったアベノミクスや異次元緩和に効果がなかったというニュアンスを持っている。しかし、2012年からのアベノミクスに成果がなかったはずはない。それは642万人の雇用の増加（正規雇用は329万人）、若者の雇用状況の劇的な改善、1人当たり実質GDP成長率の加速、財政状況の大幅な改善、自殺者の減少などにより明らかである。

しかし、異次元金融緩和による2%の消費者物価上昇率は実現できなかった。ただし、消費者物価は、図1-11で見たように、緩和以前のマイナスのトレンドからプラスのトレンドに反転した。また、2022年4月からの消費者物価上昇率が2%を超えたのは、エネルギー価格と食料価格の上昇によるもので、金融緩和によるものではなかった。2%の消費者物価上昇率が達成できなかったことについては、本書の結論において論じたい。

第２章

金融政策とは何をするものか
——目的と手段と経路

これまで述べたように、異次元金融緩和によって雇用が拡大、賃金も上昇、1人当たりの実質GDPも増加、財政状況も改善した。このような状態を安定的に作り出すのが金融政策の役割である。本章では、金融政策の目的、その目的を達成するための手段、デフレ克服のために行ってきた金融政策の実践などについて説明する。

1　金融政策の目的

†総需要曲線と総供給曲線で考える

なぜ金融政策で実体経済を動かすことができるかと言えば、図2－1に示すような総需要曲線と総供給曲線があるからである（総需要・総供給曲線とそのシフトについては、マンキュー2019、第15～16章）。

金融緩和政策によって総需要曲線を右にシフトさせることができる。物価と実質GDPは総需要曲線と総供給曲線の交点で決まるので、ある程度の物価の上昇を許容すればより高い実質GDPの水準を維持することができる。より高い実質GDPの水準に応じて、より低い失業率も維持できる。ただし、これをやり過ぎれば物価が上昇しすぎてしまう。総

図２－１　総需要曲線と総供給曲線

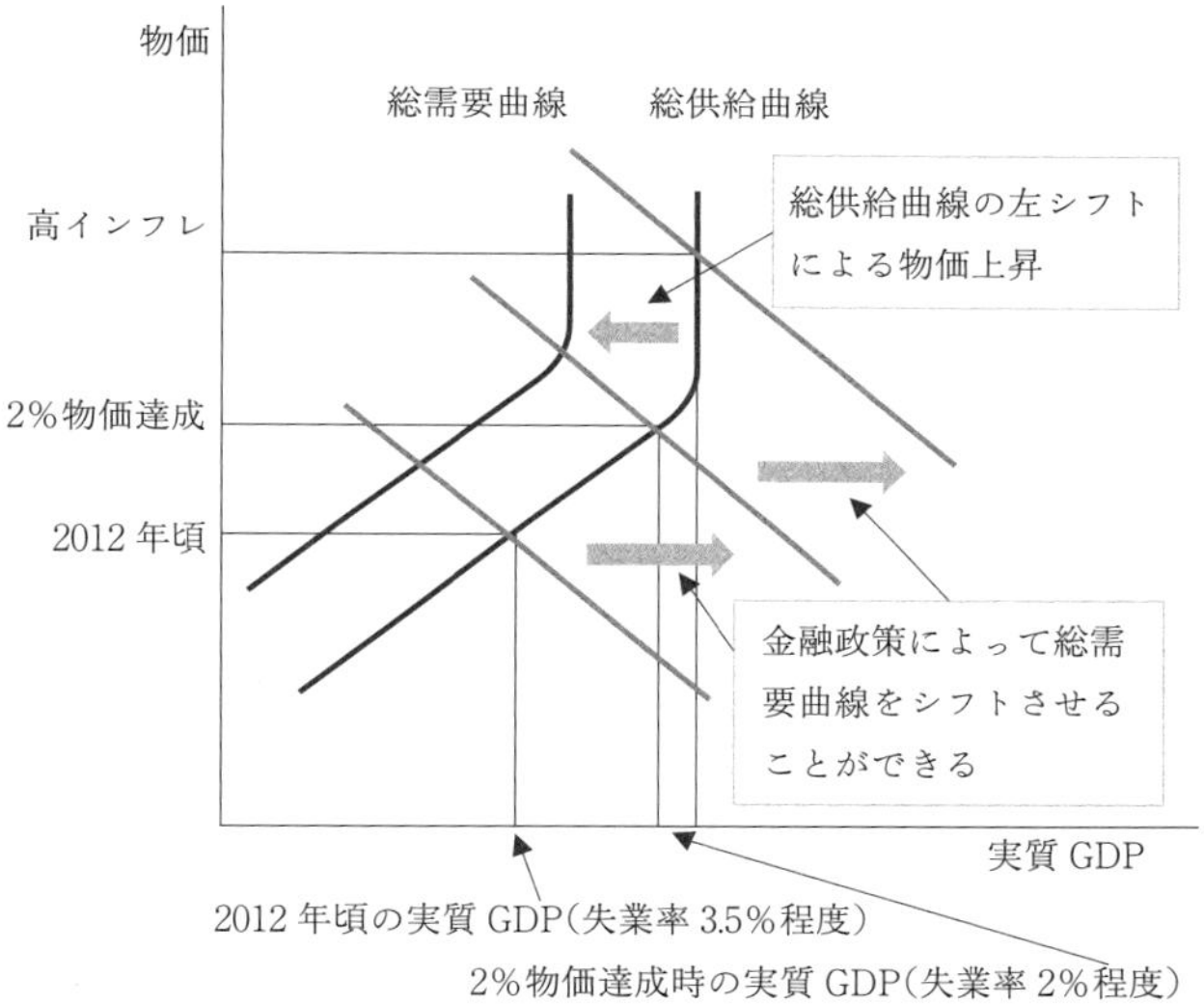

供給曲線は右上がりでかつ途中で垂直に近くなっているような曲線だからである。なぜ垂直かと言えば、労働にも資本設備の稼働にも限度があって、ある水準以上に生産を増大させることはできず、物価が上がるだけになるからである。

しかし、物価上昇がわずかであればそこで生まれる生産の増加を選んだ方がよい。その物価上昇率は、これまでの経験から２％とされ、それを物価上昇率目標としたのである。

しかし、総供給曲線がどこにあるかは、実はよくわからない。図には失業率２％などと書き込んであるが、総供給・総需要曲線に対応する失業率がどこにあるかもよくわからない。総供給曲線が垂直になる直前の失業率を、自然失業率、構造失業率、NAIRU（Non-Accelerating Inflation Rate of Unemployment、物価上昇率を加速させない失業率）などという。現実の失業率が、自然失業率、構造失業率と一致すれば、これ以上失業率を引き下げようとしても物価が上がるだけで失業率は低下しない。

一方、自然失業率を、勝手に、たとえば3・5％と思い込んだら、物価が上がらないのに実質GDPを引き上げることができなくなってしまう。また逆に、1％と思い込めば、物価が2％を大きく超えて上がってしまうかもしれない。もちろん、総供給曲線がどこにあって、どのような形をしているのか、自然失業率はどのくらいかの研究は大事だが、実際の金融政策としては、物価上昇率目標に従っていた方がよい。すなわち、現実の物価上昇率が2％を下回っていれば金融を緩和し、上回っていれば金融を引き締めなければならない。もちろん、金融政策から物価への影響はラグを伴うので、金融緩和が遅れるとインフレ率がなかなか低下しない、また、金融引き締めが強すぎれば、デフレが生じてしまう。先を見て、慎重に金融政策を行うことが必要である。

日本銀行法第二条では、日銀の役割を「物価の安定を図ることを通じて国民経済の健全な発展に資する」とある。これを具体化したのが2％物価目標で、それによって経済が最大限度の生産水準を保てるようにしようということである。

†フィリップス・カーブで考える

同じことをフィリップス・カーブでも説明できる。フィリップス・カーブとは、横軸に失業率、縦軸に物価上昇率を描いたものである。一般に、失業率が低下すると物価が上昇するという右下がりの関係がある。失業率が低いとは景気が良いことで、景気が良ければ物価も上がるという関係を示している。図にはこの関係を示す近似線も引いてある。これはある程度の物価上昇（たとえば2％）を許容すれば失業率が低下することも示している（フィリップス・カーブについては、原・小池・関根2020参照）。失業率が低ければ、新卒の就職率も改善し、就職氷河期は存在しなくなる。2013年の大胆な金融緩和以来、コロナショックがあったにもかかわらず、雇用はあまり悪化しなかった。

もちろん、フィリップス・カーブの左の端に行けば、失業率の限界に達して物価は上がり過ぎてしまう。その前に、経済に圧力をかけるのを緩めなくてはならない。そんなうまい具合にいくのだろうかという疑問には、本章第6節「高圧経済論とその限界」で答えている。

ここでフィリップス・カーブの緩やかな左上がりから急に垂直に近くなるところが、総供給曲線の右上がりから急に垂直に近くなるところに対応する。

ただし、フィリップス・カーブを歪めるいくつかの要因がある。失業率を歪めるものについては、雇用調整助成金（および「新型コロナウイルス感染症対応休業支援金・給付金」）がある。雇用調整助成金とは、景気が悪化したときに雇用を維持していれば補助金を出すというものだから、景気悪化で物価が低迷しても失業率は高まらないようになる。したがって、物価と失業の関係が歪んでしまう（なお、雇用調整助成金の詳細については厚生労働省ホームページ「雇用調整助成金」のウェブサイトを参照）。

物価を歪めるものとして、消費税があるが、その影響は取り除いている（後掲図2－2の注を参照）。さらに大きな影響を与えるのは、原油などエネルギー価格の高騰である。エネルギー価格の高騰は、一時的にはすべての物価に波及して物価全体を引き上げる。フィリップス・カーブは、景気がよくなると物価が上昇し、失業率が低下するという関係を前提にしているのだが、エネルギー価格は景気とは関係なく、産油国の政策で上下する。これはフィリップス・カーブを歪める要因である。また、エネルギー価格の上昇は日本の物価を上げるだけでなく、日本の所得が海外に流出することであるから景気を悪化させる要因である。前掲図2－1の総需要・総供給曲線で考えれば、物価が上がっても供給が増加しないので総供給曲線を左にシフトさせる要因である。

図２－２　フィリップス・カーブ（1990－2024年）

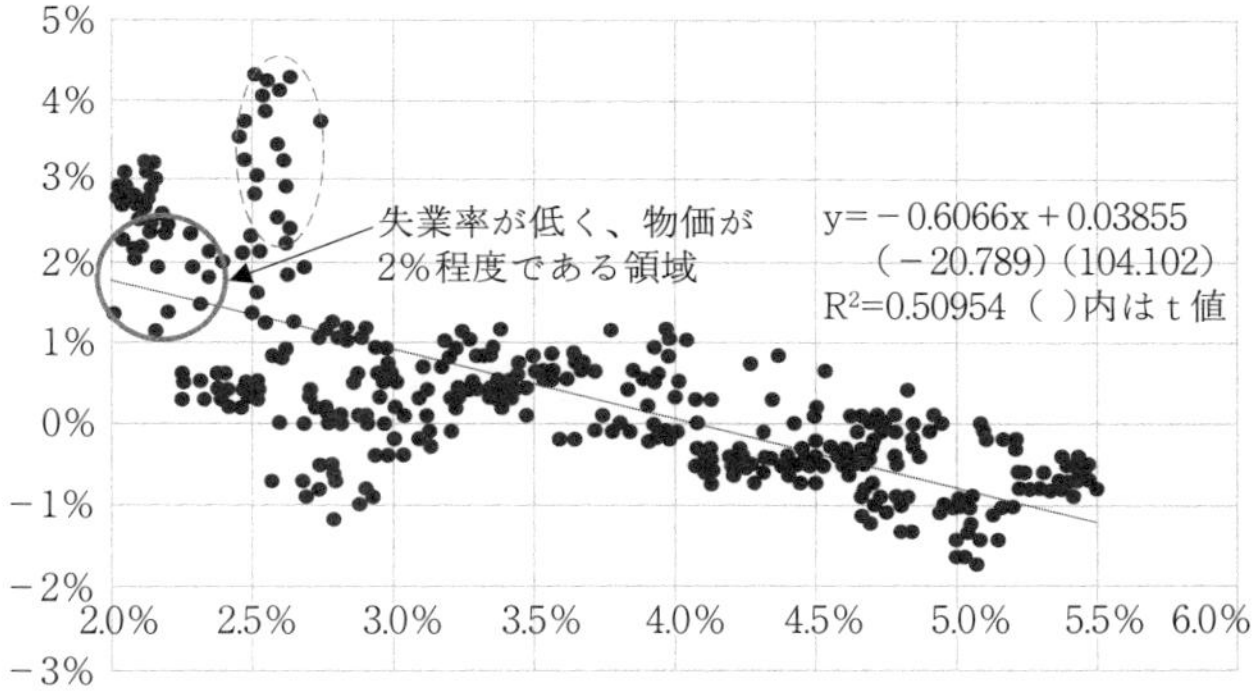

（出所）総務省統計局「消費者物価指数」、「労働力調査」
（注１）消費税増税の影響を取り除くために、1989年度に2%、97年度に1.5%、2014年度に2.1%、2019年10月から20年９月に0.3%を引いている。
（注２）物価は生鮮・エネルギーを除く総合である。

図２－２は、１９９０年から２０２３年までのデータでフィリップス・カーブを示している。すでに述べたように、失業率とかかわりなく物価が上がる場合がある。その多くはエネルギー価格の上昇によるものである。そこで失業率の低下と関わらない物価上昇を避けるために、本書では、エネルギーを除いた物価上昇率でフィリップス・カーブを表している。もちろん、エネルギー価格を除いても、その影響は入ってしまうので、除外した方がマシという程度のことにしかならない。

近似線を上回る時はエネルギー価格の上昇、下回る時は下落が起きていることが多い。しかし、一般に、失業率が下がると物価が徐々に上がり、失業率が２％に近づくと物価が急に上がるという関係が存在する。この関係から、物価が2％に近づいたら、上がり過ぎないように金融政策を慎重に運営すべきだとわかる。

†オークン法則で考える

次に、失業率の低下で表される労働の稼働率の上昇がどれだけ実質GDPを拡大するかを考える。100万人の労働力人口のある国で、失業者が5万人なら失業率は5％で就業者は95万人である。失業率が2％になると失業者が2万人に減って、就業者が98万人に増えている。GDPは就業者数に比例すると考えれば、GDPは98÷95＝3・2％増える。失業率が1％減った時にGDPが何％増えるかという係数をオークン係数という。失業率が減少した時にGDPが増加するので係数はマイナスとなるが、通常マイナスを省いて表現することが多いので、ここでもマイナスを省くことにする。上記の場合は3・2÷(5－2)＝1・1でオークン係数は1・1となる。しかし、通常は、オークン係数は1よりもかなり大きい。

なぜそうなるかというと、①雇用が企業に保蔵されているからである。需要が減少した時、企業はそれに見合って従業員を解雇するとは限らない。需要の大きな減少に対して、雇用は少ししか減少しない。また、企業内に雇用が保蔵されていれば、需要が増加しても新規の雇用の増加なしにGDPが増加する。②雇用はあまり変化しなくても、労働者の労働時間は残業の多寡によって変化する。労働時間が変化すれば、雇用があまり変化しなくてもGDPの変化に対応できる。③は、失業者が求職を諦めて労働市場から退出すると（求職活動を止める）、失業統計には含まれなくなる。④雇用保蔵は、訓練された労働者を維持するという意味で効率的、合理的な面もあるが、産業構造の変化に遅れる可能性もある。この場合には、長期的な経済の効率を低下させる面がある。③の労働市場からの退出は、長期的な労働供給を減少させる可能性があり、また、労働の質の低下をもたらし、経済の長期的な成長率を低下させる。③と④は、労働需要を超過気味に運営する、すなわち、高圧経済政策の必要性を示すものである（高圧経済政策については、本章第6節で詳述）。

これらの理由によりオークン係数はかなり大きくなる。黒坂1988、黒坂2011などによると、オークン係数は、ある時点で極めて高い値を持つことがあるが、一般には3程度となっている。すなわち、失業率の1％の低下により実質GDPは3％増加するということである。これは、失業を減らすことの大きな利点である。

図2－3、図2－4は、縦軸に実質GDPの上昇率、横軸に失業率の変化（いずれも対前年同期）を示したものである。オークン法則の示すように失業率が低下すると実質GDPが増加するという関係が見られる。ここで、1990～2009年の関係を示した図2

図２－３　オークン法則（1990－2009年）

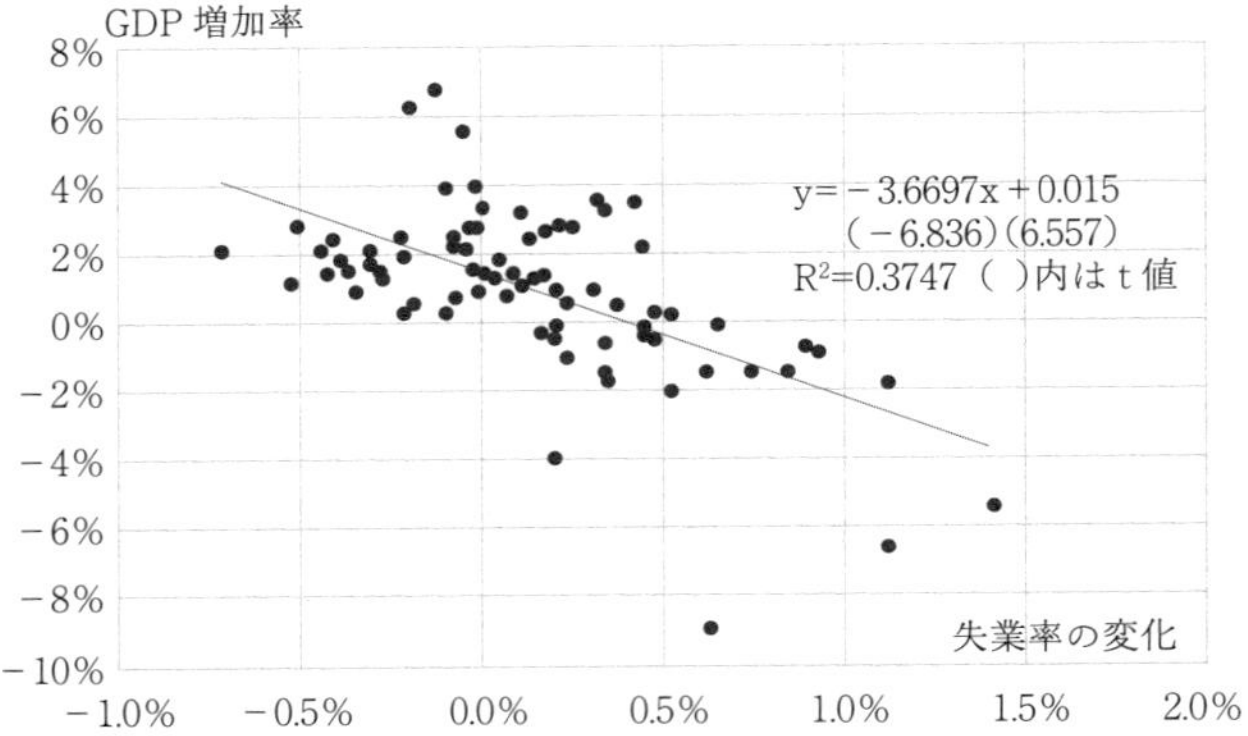

（出所）内閣府「国民経済計算」、統計局「労働力調査」
（注）実質GDP（季節調整値）の前年同期比と失業率（季節調整値）の対前年同期差。

図２－４　オークン法則（2010－2024年）

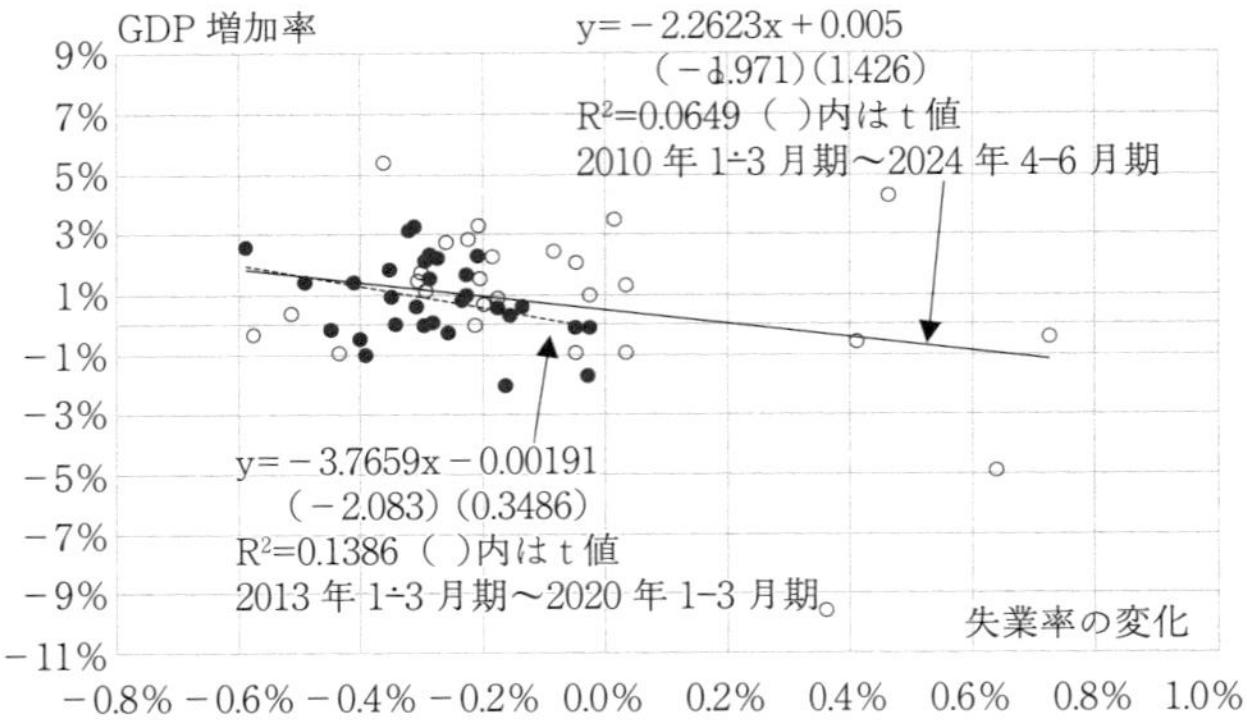

（出所）内閣府「国民経済計算」、統計局「労働力調査」
（注１）実質GDP（季節調整値）の前年同期比と失業率（季節調整値）の対前年同期差。
（注２）●は2012年10－12月期から2020年1－3月期のデータ。

－3では、近似線の係数は3・7と大きく、決定係数も0・375となっている（図の近似線の式のt値から見て相関があると判断できる）。

しかし、2010～2024年のデータを用いた図2－4では、係数は2・26と低下し、決定係数が0・0649と有意性が失われる。これは2010年から2012年7～9月期、2020年4～6月期以降、雇用調整助成金の影響が大きくなるデータが含まれているからである（厚生労働省「雇用調整助成金等支給決定状況」参照）。そこでこれらを除外したデータを用いたオークン法則も描いている（図の●が2012年10～12月期から2020年1～3月期までのデータ。○と●を合わせたものが2010年から2024年までのデータ）。こちらでは、係数は3・82と大きくなり、決定係数も0・139と高まる。

雇用調整助成金とは、景気が悪化したときに雇用を維持していれば補助金を出すという制度である。これによって、景気悪化で物価が低迷し、実質GDPが減少しても失業率が上がりにくくなる。これは当然に、オークン係数のグラフにおいて、右下の象限にあるべき点が左下に留まることになる。また、GDPが拡大しても休業者が減少するだけで失業率は低下しないことになる。これは左上にあるべき点が、右上に留まることを示す。結果は、左下と右上の点が増加し、近似線の傾きが小さく、かつ有意性が低下する。

†自然利子率と中立金利で考える

上記の議論を、自然利子率（通常、実質金利で考えている）という概念で説明することもできる。これは経済を不況にも過熱にもしない、ちょうどよい実質利子率があるという考え方である。金融政策の目的は、現実の利子率をこの自然利子率との関係で適切な水準にコントロールすることで、経済をちょうどよい状態にしておくことである。これを物価との関係で具体的に言えば、消費者物価上昇率を長期的に2％程度にしておくということだ。この2％の物価上昇率の下で、失業率も低下し、成長率もそれなりに高く、経済が労働や資本設備などを最適に活用し、景気が良好という状態を保てると考えている。

政策金利を自然利子率よりも高くすれば経済は停滞し、低くすれば需要が供給を上回り、インフレーション圧力がかかり、経済が過熱することになる。

自然利子率は一定ではなく、経済の構造変化や技術の進歩などとともに変化するので、自然利子率の想定から金融政策を運営することは難しい。杉岡・中野・山本（2024）でも、自然利子率計測の困難を説明している。しかも、自然利子率は実質金利なので、市場で観察される名目金利と自然利子率との乖離はわからない。

自然利子率に予想物価上昇率を足したものを中立金利という。中立金利は名目の金利だから、市場金利と比べることができるが、自然利子率も予想物価上昇率も推計するしかないものだから、正しい値を知ることは難しい。

ここでも、筆者は、物価目標を優先して金融政策を行うことが安全だと考えている。

2 金融政策の手段と経路

金融緩和政策とは、中央銀行が金融機関の持っている債券や手形を購入することである。金利をコントロールするのであれば、目標とする金利を目指して債券や手形を購入すればよい。これによって金利またはベースマネーをコントロールすることになる。ベースマネーとは、流通現金と金融機関が保有している日銀当座預金のことである。日銀が債券や手形を購入するとは、日銀当座預金の額をそれだけ増やすことである。当座預金は現金と等価であり、それであらゆるものを購入できる。

金融部門は、利子の得られる債券を手放し、利子を得られない当座預金を得るわけだから、それで新たな貸出を行う等の行動を取るはずである。これがポートフォリオ・リバランスであって、これによって経済は刺激される。なぜ、金融部門が貸出を増加させることができるかと言えば、名目金利の低下によって借入需要が増大するからである。

ところが、長いデフレと経済停滞が続いて、金利はほとんどゼロになってしまった。名目金利だけを考えていたのでは、金利をこれ以上下げることには限界があり、経済をちょうどよい状態にすることができなくなってしまった。

では、金利がゼロになってしまった時、金融政策は何ができるだろうか。もちろん、デフレに陥ったことが失敗である。ここで問題としているのは名目金利の低さであるから、インフレ率が高ければ名目金利は高くなる。名目金利が高ければ、十分に金利を下げる余地がある。物価上昇率が高ければ金利も高くなるので、物価目標を高くしておけば名目金利を高めて、不況の時に金利を下げる余地が生まれる。これはBlanchard, Dell'Ariccia, and Mauro（2010）で提案されている。

もちろん、ゼロ金利に陥らないよう、不況の初期においてより緩和的金融政策を行い、物価を引き上げ、結果として名目金利が低くならないようにしておくべきだったが、すでにそうなってしまったとき、何ができるだろうか。Mishkin（2021, Chapter 26）は金融政策の波及経路として9つの波及経路があり、金利がゼロになっても金融政策は効果があるとしている。ミシュキンと他の論者によりつつ、これらの経路を簡単に説明する。

†量的緩和を通じての効果と予想物価上昇率

量的緩和によって、まず第1に名目金利が低下する。金利がゼロと言っても、すべての年限の金利がゼロになるわけではなく、中短期の名目金利がゼロ以上の状況であれば、これらが低下する。また、これによって資金の利用可能性が高まり、投資を刺激する。

第2に、予想物価上昇率、または実際の物価上昇率が上昇して実質金利が低下する。これは投資を拡大させる。

第3に、為替レートの経路がある。円が下落すれば輸出が増大する。

第4に、資産価格の上昇が支出を増大させる。

第5に、銀行の保有資産の価格上昇が貸出増加を促すという経路がある。

いずれの経路でも実質金利の低下が重要で、ここで予想物価上昇率の上昇が実質金利を低下させるので、予想物価上昇率が重要である。Krugman（1998, 2000）は、1990年代にデフレ状況に陥った日本経済を念頭に、名目利子率がゼロであっても、金融緩和政策によって、予想インフレ率を上昇させて実質利子率をマイナスにすることによって、デフレ不況から脱却できることを指摘した。予想インフレ率の上昇とともに実質利子率が低下し、それによって、資産価格が上昇し、銀行の資産状況が改善するとともに、為替レートも下落すると考えられる。そのため、予想インフレ率と他の経路を判然と区別することはできない。

以上の経路に追加して、さらにいくつかの方策がある。

†マイナス金利政策と長期のコミットメント

第6に、マネーにマイナスの金利を課するという方策である。実際にスウェーデン、ユーロ圏、デンマーク、スイス、日本などで採用された。問題は、自然利子率が低く、したがって証券の金利が低く、マネーと証券の代替が働かないということである。であるなら、マネーにマイナスの金利を付与すれば、自然利子率を反映した低い金利の証券でも価値が生まれるということである。ただし、物価上昇率が高ければ、名目の自然利子率は高くなるわけであるから、マイナス金利政策はデフレ状態から出発して望ましい状態に移るための政策ということになる。

マネーとは現金と預金である。現金や預金にマイナスの金利を付けることは難しい。預金にマイナスの金利を付ければ、預金が現金として流出してしまうだろう。巨額の預金にマイナス金利、または保管料を課すことは可能だろうが、それには限度がある。具体的な方法としては、日銀の当座預金にマイナスの金利を付けることで全般の金利を低下させた。

ただし、ECB（欧州中央銀行）の Benoît Cœuré 理事は、マイナス金利には物理的な限界、すなわち現金が退蔵されてしまう限界と、経済的限界、銀行部門へのマイナスの影響が、マイナス金利の経済全体を刺激するプラスの影響を上回る限界があるが、当時の状況では、ユーロ圏において物理的限界にも経済的限界にも達していないとしている（Cœuré, 2016）。

経済的限界とは、銀行部門へのマイナスの影響が経済全体へのプラスの影響を上回るということだが、日本の場合、２０１６年1月のマイナス金利政策後も貸出が伸びていることから、経済的限界には達していないと考えられるだろう（本章第4節「量的緩和政策と貸出と預金とマネー」参照）。

しかし、マイナス金利政策の本質的な問題は、人々が名目で固定された資産の保全手段を求めているという事実であると筆者は考える。物価上昇率がゼロのとき、中立金利がマイナスなら、預金金利もマイナスになるしかないが、それは国民には認められないだろう。ただし、人々が求めているのは、名目での価値保全であって、実質での価値保全にはそれほどこだわっていないように思える。2％のインフレ目標は多くの人々が賛同している。そうなる過程で、名目金利は2％以下、実質金利がマイナスの期間がかなり長く続くだろうが、それは人々から許されていると筆者は思う。物価目標の2％の達成とともに金利は上がるだろうが、実質の概念である自然利子率が本当にマイナスなら、最終的に落ち着く名目金利は2％以下で、マネーの実質価値は保全されない。しかし、名目価値は保全される。

第7に、長期のコミットメントがある。日本銀行が2013年1月に採用したインフレーション・ターゲット型コミットメントはその例である（日本銀行2016年9月21日）。インフレーション・ターゲット政策は、インフレ目標を数字で明示することである。2％とすれば、2％の近傍になるまで、金融引き締めはないというコミットメントになる。オーバーシュート型コミットメントとは、消費者物価（除く生鮮食品）の前年比上昇率の実績が一時的に2％を超えても、安定的に2％を超えるまで、マネタリーベース（流通現金＋日本銀行当座預金）の拡大方針を続けるということである。また、このコミットメントで予想物価上昇率の上昇も期待できるということである。

†金融政策以外の手段

第8として、財政政策の活用がある。財政政策で経済を刺激できれば、物価も金利も上昇する。この時、名目金利を固定する、あるいは量を拡大すれば、経済はさらに刺激される。

さらにFTPLもある。FTPL（物価水準の財政理論、Fiscal Theory of Price Level）と

は、物価は財政政策が決めるというものである。政府と日銀の統合政府を考えれば、その債務は国債とマネタリーベースである。政府が債務を将来的に返済するとすれば、政府財政の累積黒字は政府債務と等しくなければならない。それができなければ物価の上昇によって政府の実質債務を減少させなければならない。このメカニズムによって物価が決定されるというのである（原田2018）。すなわち、政府債務が物価水準を決めるというものである。

第9として、政策とは言えないが、外的ショックがある。突然の技術革新の続発、起業家意欲のたかまりによる投資の急激な増加などである。このようなことは通常は期待できないが、海外からのポジティブなショックはありうる。アメリカの財政赤字が拡大すれば、アメリカの金利上昇、日本の対ドルレートの下落、日本の輸出拡大および日本の企業の利益増、雇用所得の増大、経常収支黒字の拡大、物価の上昇、最終的には金利の上昇に結びつく。筆者にはインフラ不足と思われるアメリカが公共事業を拡大し、日本の経常収支黒字で、それを実質的にファイナンスすることは日本にとってもアメリカにとっても効率的でありうる（アメリカがインフラ不足と考える根拠は、道路や橋梁の整備の悪さ、鉄道の非効率などから判断してのことである）。また、全般的な海外の成長率の高まりとそれによる日本の輸出の拡大はありうることである。もちろん、中国の需要減退による日本の輸出の停滞というような海外からのネガティブなショックもありうる。

†金融政策が無効であることはあり得ない

第10に、金融政策が無効ということはあり得ない。それは以下のことを考えてみれば明らかである。「バーナンキの背理法」という方法である。バーナンキ米連邦準備制度理事会（FRB）前議長が、プリンストン大学教授時代に「貨幣は他の政府債務と異なり、利子を支払わず、満期日もこない。金融当局は好きなだけ貨幣を発行できる。したがって、もし価格水準が本当に貨幣の発行量に依存しないのならば、金融当局は自らの発行した貨幣を使って無限の財や資産を獲得できることになる。これは均衡においては明らかに不可能である。それゆえ、貨幣の発行はたとえ名目利子率がゼロ以下にはなりえないとしても、結局は価格水準を上昇させる」（バーナンキ2001、167〜168頁）と書いている。

「バーナンキの背理法」とは、バーナンキ教授が述べた言葉ではないが、「物価が貨幣に依存しないなら、金融当局は貨幣で無限の資産を獲得できることになる、これは不可能であり、それゆえ、貨幣の発行は物価を上昇させる」という論理が、「物価が貨幣に依存しない」という前提から出発するとおかしなことが起きるので「物価が貨幣に依存しない」ことはあり得ない（すなわち依存する）と証明する背理法であることから日本で名づけられた言葉である。

しかし、これは物価上昇率を確実に引き上げる方法であっても、中央銀行が物価上昇率をコントロールすることを難しくする。なぜなら、無限の財を獲得するのは通常は政府であるからだ。インフレを抑えるためには、政府が財の購入を制限しなければならない。この時、物価をコントロールするのは政府になる。この場合には、政府が物価に対して責任を負わなければならないが、現状では、そのような政策の責任体制にはなっていないからである。

以上述べたことは、理論的な可能性である。実際に何をしたかは次節で説明する。

3　金融政策の実践

短期金利がゼロになった段階で、2001年3月、日本銀行は量的緩和に踏み切り、名目金利以外の経路を通じて経済を刺激した。ところが、2006年3月には、量的緩和を解除、ゼロ金利政策に移行した。さらに7月にはゼロ金利政策も停止した。結果、わずかにプラスだった消費者物価上昇率も2007年には継続的にマイナスになるようになった（その後2007年の終わりから原油価格の高騰により物価はプラスとなった）。2008年9

月にはリーマンショック（世界金融危機）が起き、日本経済は低迷した。

その後、2012年末に成立した安倍晋三政権でアベノミクスが開始され、日本銀行は様々な工夫を凝らしながら金融緩和政策を行ってきた。第2次安倍晋三内閣（2012年12月〜2020年9月）以降の金融政策のうち主なものは以下の通りである（以下は原田泰『デフレと闘う』第3章、中央公論新社、2021によるところが大きい）。

†インフレ目標政策（2013年1月）

2013年1月、日本銀行はインフレーション目標政策を採用した。インフレ目標政策は、インフレ目標を数字で明示することである。目標を2％とすれば、2％の近傍になるまで、金融緩和政策を続ける、または、金融引き締めはないというコミットメントになる。

†異次元緩和政策（2013年4月）

量的緩和政策自体は、前述のように2001年から2006年にも行われてきたが、2006年3月9日に解除し、2008年9月のリーマンショック時においても量的緩和には踏み切らなかった。その後、2010年10月からマネタリーベースをわずかに増大させたが不十分なものだった。

ところが、日本銀行は、２０１３年４月に、２０１２年末に１３８兆円だったマネタリーベースを年間60〜70兆円ずつ増加させて２０１４年末に２７０兆円と倍にする。２０１２年末に89兆円だった長期国債の保有残高を毎年50兆円ずつ増やして２０１４年末に倍にする、と決定した。これにより、２％の物価目標を2年で達成するとした（黒田２０１３年4月12日）。異次元の金融緩和であり、量的・質的金融緩和（Quantitative and Qualitative Monetary Easing. ＱＱＥ）である。マネタリーベースの量の拡大のみならず、これまで短期国債しか購入してこなかったのに長期の国債（それ以前も、残存期間の短い長期国債は購入していたが、残存期間の長い長期国債を購入するようになった）、さらにはＥＴＦ（Exchange Traded Funds、上場投資信託）、ＲＥＩＴ（Real Estate Investment Trust、不動産投資信託）も購入するのだから、量的・質的金融政策になる。もちろん、政策は実行されたが、2％の物価目標は達成できなかった。できなかったことについては、本書の終章で述べる。

†付利の矛盾

ただし、量的緩和において、日本銀行は緩和策と矛盾する政策も行っている。それが付利である。付利とは日本銀行が民間銀行から預かっている当座預金（そのうちの必要準備以外の預金）に金利を付けることである。

金融政策とは、基本的には、金利の付かないマネタリーベースで、金利の付いている国債を買うことである。本来、民間銀行は、金利の付かないマネタリーベースを持っていても仕方がないので、利益の見込める運用先をなんとか見つける（ポートフォリオ・リバランス効果）。結果として金利は下がり経済は刺激される。しかし、金利が低下していけば、マネタリーベースと国債の違いはどんどん小さくなってくる。0.1%でも金利が付けば、その分だけポートフォリオ・リバランス効果を阻害する。この阻害効果は、金利が低くなればなるほど大きくなる。10年物長期金利がマイナスの時、0・1％の金利が付き、現金と同様の流動性を持つ当座預金は宝物のようなもので、付利は当座預金拡大のポートフォリオ・リバランス効果を弱める。Hayashi（2019）は、「日本銀行は、0・1％の金利を支払うことによって、超過準備を不胎化［無効化］してしまっている」と指摘している。また、中澤・矢野（2016）も、「超過準備に付利することは［金融引き締めを意味する］売りオペと同じ効果を持つ」と述べている。

さらに、日本銀行が民間銀行に金利を支払うわけであるから、日本銀行の通貨発行益（第3章第3節で説明）が減少し、政府への納付金も減少する。日銀の財務を心配している人々の立場からすれば、とんでもないことだと思うが、彼らは日銀が銀行にプレゼントするのは構わないらしい。なお、日銀財務の悪化についても第3章第3節で説明している。

付利は、量的・質的金融緩和（QQE）を開始するに当たって、ポートフォリオ・リバランス効果を阻害するという観点から廃止するべきだったが、そのような議論はなされなかったようである。当時、少なからぬ委員が、ポートフォリオ・リバランス効果の阻害と財務悪化という問題を認知せず、0・1％の付利は当座預金を積み上げるために必要と考えていたことから（原田2021「2015年6月12日　付利について考える」参照）、付利をそのままに、国債の買入額を増やして当座預金を拡大するという提案への賛同を求めたのではないかと思う。もし、付利の廃止、または追加的な当座預金の拡大分についての付利の廃止を同時に提案していたら、審議委員の全員一致でのQQEへの賛同は得られなかっただろう。また、当時10年物国債利回りは0・7％以上であり、0・1％の付利のポートフォリオ・リバランスの阻害効果は小さいと考えられていたのかもしれない。

†付利の開始

そもそも付利はなぜ始まったのだろうか。付利（補完当座預金制度、当座預金付利制度）は、2008年10月31日に導入された。これが導入されたのは、1つには、リーマンショック後の金融の混乱に対処するためとして、アメリカが同じ制度を2008年10月3日に採用したからである。日本での採用理由を、当時の白川総裁は、後に次のように説明している。「［付利の］導入が必要と判断した理由は2つあった。ひとつは2001年3月～06年3月の量的緩和政策時の経験から、マクロ経済の安定のために最適な短期金利水準は文字どおりのゼロではなく、若干のプラス水準であると判断していたことによる。……［金利がゼロになると］インターバンク市場で……取引が極端に細り……金融機関が必要な時に必要な額の資金を市場で調達できるという安心感がなくなるという副作用も生じた。もうひとつの重要な理由は、「出口戦略」に関連していた。2006年の量的緩和からの「出口戦略」［景気と物価の回復により金融緩和政策を終わりにすること］の際は、……量の圧縮を図ったうえで、政策金利の引き上げを行った。この時は、量の圧縮も……短期間で終わったが当座預金残高が大きく増加した……場合には、量の圧縮に相当の期間を要することになり、金利引き上げを機動的に行うことが難しくなる可能性がある」と（白川2018、251～252頁）。

要するに、量的緩和で資金を潤沢に供給し、その結果、金利が低下しすぎてゼロになると困るので金利の下限を0・1％に定めたということらしい。しかし、資金の供給が増えれば金利が下がるわけで、金利に下限を付ければ、供給が十分に増えないことになる。潤沢な資金供給と金利の下限の設定を同時に行うのは矛盾している。

金利が低すぎると、インターバンク市場での取引が細り、金融機関が必要な時に必要な額の資金を市場で調達できなくなるという問題があるというのだが、短期金利は2016年2月から24年2月までマイナスになったが、それでマクロ経済の安定が脅かされるということは起きなかった。資金調達でも、何も問題が起きていなかった（第3章第1節を参照）。短期金融市場の関係者によると、マイナス金利でもなんら困らないという。なぜなら、大きなマイナスと小さなマイナスで鞘が抜け、資金の調達もできるからだ（原田2021「2019年2月22日　短資会社は金利がマイナスになっても構わない」参照）。

†世界の理解では付利は金融引き締め

そもそも、アメリカの米連邦準備制度理事会（FRB）が2008年に付利を採用することを決めた理由として、バーナンキ議長、イエレン副議長、ニューヨーク連銀のダドリー総裁は、付利によって、「大量の資金供給後もアメリカの経済の過熱を防止できる」「［付利の］引き上げは、銀行が貸し出しを通じてインフレをあおることがないよう、資金を準備預金にとどめておくよう促す」ものだと説明している（「FRBによる準備預金への付利、政策手段としての有効性めぐる議論も」Bloomberg、2011年4月25日）。インフレ抑制の手段が、なんで日本では、マクロ経済とマーケットの安定のためにプラスの金利が必要だという話にすり替わってしまったのだろうか。日本銀行は、「寛政異学の禁」（日銀が世界の経済学の知見を取り入れず、自分の金融理論を押し付けようとすることを、1790年、老中松平定信が、上下の秩序を尊ぶ朱子学以外の儒学を禁じたことになぞらえた、元日本銀行政策委員会審議委員、故中原伸之氏の言葉）を行うと同時に、誤った解釈で異学を導入してもいる。

ハーバード大学のグレゴリー・マンキュー教授の世界的に認められたマクロ経済学の教科書においても、準備への付利は、「準備率を高めて、貨幣乗数を低下させ、貨幣供給も減少させる傾向を持つ」と説明している（マンキュー2019「準備への利子支払い」365頁）。すなわち、付利は金融の引き締めを意味するのである。

付利があるから、量の効果が低下し、より多くの量が必要なわけで、付利がなければ、量の効果が強まり、より少ない量でより強い景気刺激効果を持っただろう。

付利を廃止すれば金融緩和効果を強めるが、金融機関は、この0・1％の付利によって2000億円の収入を得ている。2008年からもらっているものを、今さらもらえなくすれば、金融機関から日銀への大ブーイングになることは間違いない。

†マイナス金利政策（2016年1月）

日本銀行は、2016年1月29日には、マイナス金利政策に踏み込んだ。これは名目金利をマイナスにするわけだから、実質金利も当然に低下する。実質金利を下げて、経済を刺激するという意味では、同じである（マイナス金利政策の仕組みの解説は、黒田2016年3月7日参照）。

マイナス金利政策は、短期の金利を低下させる政策であるにもかかわらず、長期金利も低下し、イールドカーブ（短期から長期の金利を同じ時点で横軸に書いたもの。長期金利がより高くなればイールドが立つという）が全体として低下したことが日銀内部も含め、多くのエコノミストが謎として論じた（黒田東彦日本銀行総裁は「イールドカーブのフラット化が想定以上に進んだ」と述べている。黒田2017年3月24日、2頁）。また、多くのエコノミストが、このフラット化をサーチ・フォー・イールド（少しでも金利のあるものを探して、より長期の債券、またはリスクの高い債券を購入していくこと）の結果などとして説明している（たとえば井上2016）。

ゼロで不十分なのだからマイナスにすればより効果が高まるはずだが、単なる金融政策としてではなく、社会的受容性について考える必要があったと現在筆者は考えている。金融政策は、市場、金融界、経済界の人々には大きな関心を持たれるが、一般の人々の関心はそれほど強くはないのが通常である。しかし、マイナス金利政策については、マイナスという言葉にインパクトがあったのか、かなり幅広い層からの関心が高まった。2016

年1月末から2月初めのテレビでは、預金金利がマイナスになると誤解されて、家庭用金庫が売れるとか面白おかしく扱われた。

マイナス金利政策が発表された時、これまで量で考えていた金融政策を金利に戻したのだから、これは量的・質的金融緩和政策の失敗だという意見があった。山本（2024）は、「マイナス金利政策の導入は、量重視の政策の行き詰まりを象徴するものだった」と書いている（62頁）。しかし、マイナス金利付き量的・質的金融緩和は、前述のように、量的・質的金融緩和政策の延長線上にあるものだ。

マイナス金利政策への反対として、銀行経営への影響が指摘されたが、これについては、第3章第2節で説明する。

†イールドカーブ・コントロール（2016年9月）

日本銀行は、2016年9月21日に、10年物金利をゼロにするというイールドカーブ・コントロールを開始した。これは、長期金利の過度の低下を避けて、金融機関の経営にも配慮したものである（黒田2016年10月8日）。

イールドカーブ・コントロールとは長短金利を同時にコントロールするものである。そのため、短期金利にこれまでと同じマイナス0・1%の金利を適用するとともに、10年物の国債金利がおおむね現状のゼロ%程度で推移するように長期国債を買い入れることとした。これは、マイナス金利政策がイールドカーブを過度に寝かせてしまい、それが銀行の収益に悪影響を与えることへの対処である。長期金利の上昇は経済にマイナスであるが、経済をより刺激するのは中短期ゾーンの金利の低下であるので、イールドカーブがわずかに急になっても経済を悪化させることはほとんど認められないとされた（イールドカーブの形状の経済への影響は、短中期ゾーンの効果が相対的に大きいとされている。日本銀行2016、9項）。

ただし、イールドカーブ・コントロールは、経済にポジティブショックがあった時には、金利が上がろうとするのを、金利を固定していることでショックを拡大して景気刺激効果を増幅するが、ネガティブショックの時には、金利が低下しようとするのを、80兆円の国債買い入れの目途が付いていることで受け流せるだけである（景気低下で金利が下がっても無理にゼロに戻そうとしないという意味である）。イールドカーブ・コントロールは、他力本願の性質がある。

イールドカーブ・コントロールには、「長期金利の0%の金利のペッグ（マイナス金利政策とイールドカーブ・コントロールで、長短金利をある程度固定していることをペッグと表現した）がハイパーインフレを引き起こす。金融機関経営が厳しくなり、金融仲介機能を壊して経済を悪化させる」という議論がある（2016年9月30日第3回カナダ銀行・日本銀行共催ワークショップの終了後のパーティでの東大の植田和男教授［当時］の発言。原田2021、166〜167頁）。たしかに、物価が上がっているのにいつまでもペッグしていれば、インフレ率が加速する可能性がある。しかし、何が起きてもペッグしているわけではないので、そのようなことは起こり得ない。

†金融政策の本末転倒論

日本銀行は様々な方法で、金融緩和政策の効果を高めようとしてきたが、これらの実践はなかなか理解されない。新型コロナウイルスの感染が拡大する前、あまりに金融緩和を続けると、いざ不況になったとき、金融緩和の余地がなくなって困るという議論があった。

2017年10月31日、日本銀行の金融政策決定会合後の黒田東彦総裁の記者会見で、ある新聞記者が質問した。「今のまま金融緩和を続けていると、緩和が必要になった場合に、手段が限られるがどう考えるのか」と。

黒田総裁の答えは、「将来の何かのために今から引き締めるのは本末転倒だ」というものだった（黒田東彦「総裁記者会見要旨」日本銀行、2017年10月31日）。この質問の示唆するところは、将来の不況のときに金利を下げる余地を作るために、今から金利を上げて不況を作っておけということになる。たしかに、これは本末転倒と言うしかない。

その後、希望の党（当時、現在は立憲民主党所属）の津村啓介衆議院議員は、２０１８年２月６日の予算委員会で黒田総裁に、「２０１９年、20年と世界の景気後退局面が予想される。金利を下げるための余地をいまつくっておくのはいかが」と質問した。黒田総裁は「将来ののりしろをつくるために金融政策を転換するのは適切ではない」と答弁した。市場関係者からは「日米同時株安のなかで金融緩和の出口を議論するなんて野党はマーケットが全くわかっていない」との声も出た、とのことである（「野党　金融緩和偏重追及の構え　成長戦略対案はみえず」『日本経済新聞』２０１８年２月７日付）。

２０２０年からは、新型コロナウイルスの感染拡大により、日本は不況に陥った。日銀は、量的・質的金融緩和（ＱＱＥ）をさらに拡大することで対応した。すなわち、国債買い入れやドルオペ（ドル供給）を含む一層潤沢な資金供給、企業金融支援のための措置（民間企業債務を担保にゼロ％での資金供給）、ＥＴＦ、ＲＥＩＴの積極的な買い入れなどを行った。

図2-5　マネタリーベース、コールレート、国債利回り、予想インフレ率

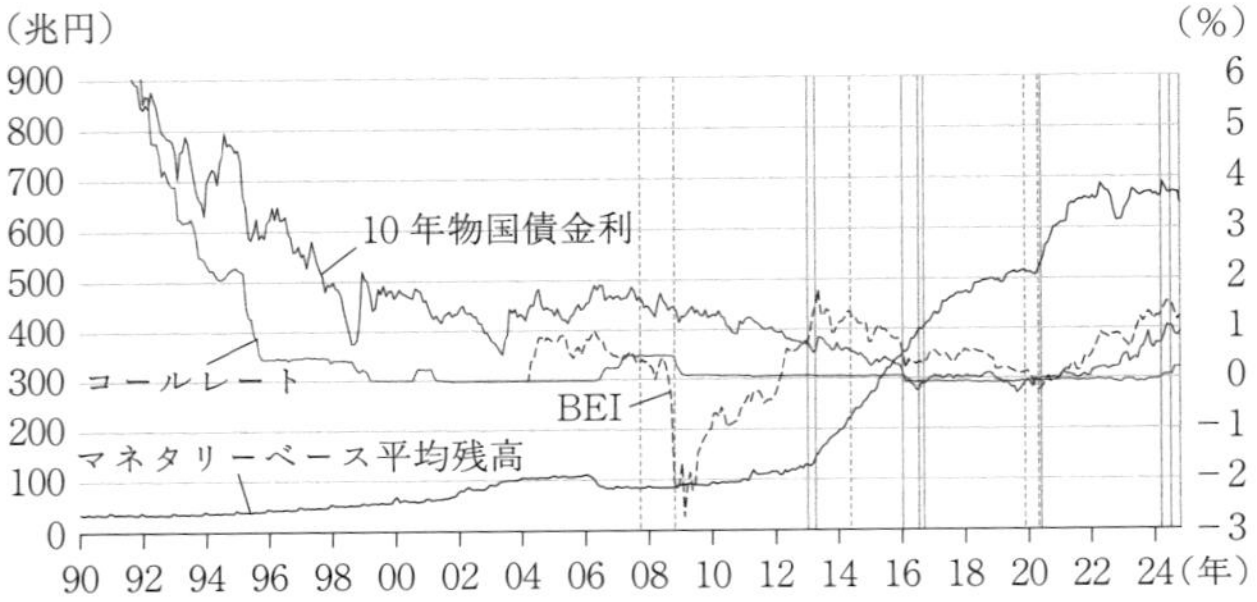

（出所）日本銀行、日本相互証券、Economic Data, FRB of St. Louis
（注）グラフの縦棒は、左からパリバショック（2007/8）、リーマンショック（2008/9）、2% 物価目標導入（2013/1）、異次元緩和政策（2013/4）、消費税増税（5%→8%。2014/4）、マイナス金利政策（2016/1）、ETF 買入額倍増（2016/7）、YCC（イールドカーブ・コントロール）と OSC（オーバーシュート・コミットメント）（2016/9）、消費税増税（8%→10%。2019/10）、コロナショック（2020/3）、量の拡大など金融緩和の強化（2020/4）、マイナス金利解除（2024/3）、政策金利の 0.25% への引き上げ（2024/7）、政策金利の 0.5% への引き上げ（2025/1）。

4　金融政策の経路とその効果

では、金融政策に応じて、本章第1節で述べた経路変数はどのように動いただろうか。

†マネタリーベースと予想物価

図2-5は、1990年から現在までのマネタリーベース（流通現金＋日本銀行当座預金）、10年物国債利回り、コールレート、予想物価上昇率（BEI、ブレーク・イーブン・インフレ率、物価連動国債から算出される期待インフレ率）を示したものである。

なお、ここでは金融政策の大きな変化

と経済に大きな影響を与える事象についても示している。金融政策の変化は、2%インフレ目標の設定(2013年1月)、異次元緩和政策(2013年4月)、マイナス金利政策の導入(2016年1月)、ETFの買入額の倍増(2016年7月)、イールドカーブ・コントロール政策とオーバーシュート型コミットメント政策の導入(2016年9月)である。また、コロナショックに対応しては、量の拡大など既存の手段の一層の拡大などの金融緩和の強化(2020年4月)を行った。

これらはいずれも緩和方向への政策であるが、2023年4月、黒田総裁から植田和男総裁への交代後、マイナス金利政策の解除、イールドカーブ・コントロール政策の廃止、ETF購入の停止を行った(2024年3月)。また、2024年7月には、政策金利の0・25%への引き上げ、長期国債の買入額の減額を、2025年1月には政策金利の0・5%への引き上げを決定した。これらは引き締め方向への金融政策の変更である。(日銀HP「金融政策の概要」「[参考資料]2013年以降の「量的・質的金融緩和」のもとでの金融政策」などによる)。

この期間での、経済に大きな影響を与えた事象は、パリバショック(2007年8月)、リーマンショック(2008年9月)、5%から8%への消費税増税(2014年4月)、8%から10%への消費税増税(2019年10月)、コロナショック(2020年3月)である。

まず、マネタリーベースの動きを見ると、1990年代初に縮小、その後わずかながら増加、2001年3月に増加の後、2006年3月に縮小（前述の量的緩和の開始と解除）、2010年10月にリーマンショック対応としてのわずかな増加（「包括的な金融緩和政策」の導入）、その後、2013年4月から異次元の増加となっている。この異次元の増加が大きいので、図では前の期間の動きがわかりにくいが、この説明通りになっている。

異次元緩和の結果、それ以前からほとんどゼロに近かったのでわかりにくいがコールレートはさらに低下、長期金利（10年物国債利回り）は1％程度からさらに低下した。予想物価上昇率（BEI）は1％を超えて上昇した。なお、BEIが2008年末から急下降しているが、これはリーマンショックによる不況で需給が緩み物価が下落すると予想されたこと、2008年のエネルギー価格上昇とその後の下落が一般物価にも波及すると予想されたことによる。

†物価と実質金利

物価と実質金利の動きを見たのが図2－6である。物価は、消費者物価指数（生鮮食品を除く）と消費者物価指数（生鮮食品とエネルギーを除く）の2つの系列を示している。物価は経済全体の需給で決まるが、需給と関係なくエネルギー価格が上昇すればそれが物価

図2-6　消費者物価、実質金利

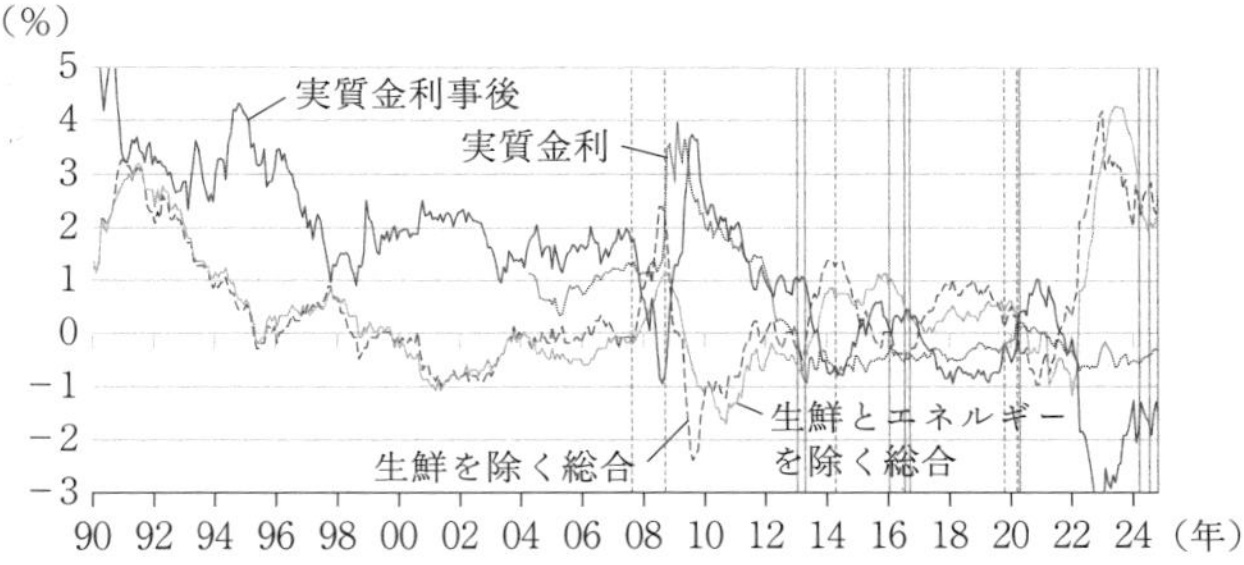

（出所）統計局「消費者物価指数」、日本銀行、日本相互証券、Economic Data, FRB of St. Louis
（注1）実質金利＝10年物国債金利－予想物価上昇率（BEI）、事後実質金利＝10年物国債金利－消費者物価（生鮮食品を除く総合）上昇率、消費者物価上昇率は消費税調整のため、1997年度は1.5%、2014年度は2.1%、2019年10月から2020年9月までは0.3%を引いている。
＊図2-5の注に同じ。

に反映される。2008年の物価上昇はそのようなものである。しかし、エネルギー価格の上昇に伴う物価上昇は、一般には長続きせず、エネルギー価格が高い水準から下落すれば前年比での物価は下落してしまう。2011年以降、物価の下落は落ち着いたが、物価上昇率はゼロ以下であった。異次元緩和の始まる前の物価情勢はこのような状況にあった。

ところが、異次元緩和とともに、物価が明らかにプラスの領域に入っていった。それ以前、1990年代末からがマイナスであったことに比べ大きな変化である。しかし、2014年の消費税増税とともに物価上昇は頓挫してしまう。2020年には、コロナショックにより再び物価は低迷する。

図2-7　マネタリーベース、株価、為替

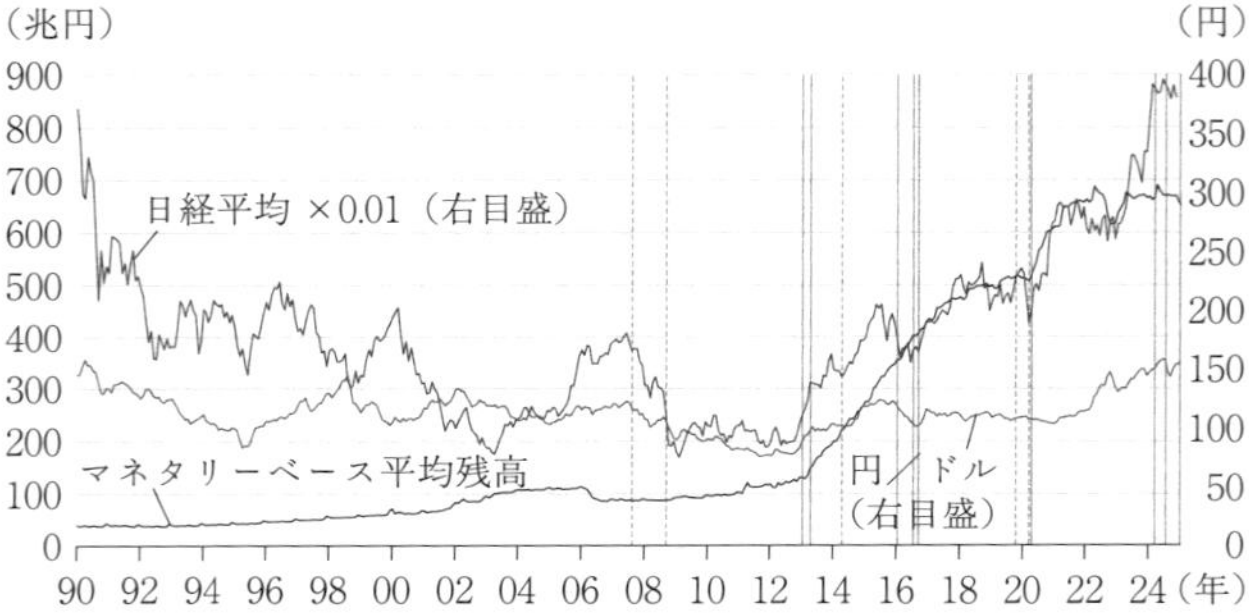

（出所）日本銀行、日本経済新聞社
＊図2-5の注に同じ。

その後、エネルギー価格と食料価格の高騰とコロナ不況からの脱却により再び物価が上昇している。また、予想物価上昇率、現実の物価上昇率の上昇とともに、実質金利（名目金利－予想物価上昇率）も事後的な実質金利（同じ時点での名目金利－物価上昇率）も低下した。現実の物価の上昇とともに、実質金利も事後的な実質金利も低下しており、経済を刺激したことは間違いない。

†マネタリーベースと為替と株価

図2-7は、マネタリーベース、為替（円／ドル）、株価（日経225）を示したものである。図に見るように、マネタリーベースの増大とともに為替レートはこれまでの上昇トレンドを脱し、下降トレンドへ（為替は1ドルあたりの円で表現しているので数字が小さくなるのが上昇、大きくなるの

が下落)、株価は下降トレンドから上昇トレンドに向かい、2024年2月22日(終値3万9098円)にはバブル崩壊前、1989年末のピーク(終値3万8915円)を上回った。

株価は1989年末の過去のピークまで34年かけて戻ったと言うのだが(たとえば「日経平均最高値　終値3万9098円、34年ぶり」『日本経済新聞』2024年2月23日付)、グラフを見る限りは34年かけてとは見えない。なぜなら、株価は1992年まで暴落したのち変動しながらも横ばい、90年代末から下落、2005年頃に上昇がみられるが、2007年8月のパリバショック、2008年9月のリーマンショックで下落、そのまま1万円程度で低迷していたからだ。

ここで株価が実際に異次元緩和政策を行う前から上昇したことと、円高修正が起こったことについて注記しておく。大胆な金融緩和を唱える安倍氏が2012年9月の自民党総裁選挙で勝利し、自民党総裁になった時点で、選挙があれば自民党が勝利して、安倍氏が総理になり、大規模な金融緩和が行われることが確実視されていた。実際、2012年9月以降、円高修正が起こり、解散総選挙となった11月半ばから株価は大きく上昇した(宮尾2016、99~100頁)。株価が上昇し始めたのはアベノミクスによる政策転換が予期された以降で、それ以前はトレンドとして低下しているようにしか見えない。こう考えると、株価は2012年末頃から2024年初めまで11年間で元に戻ったと考えるべきだろう。すると、1990年代初期に異次元緩和を始めていたらそれから11年、つまり、2000年代の初期に株価は過去のピークを回復したのではないだろうか。

†リーマンショック時とコロナショック時の金融政策

異次元緩和以降と、それ以前で金融政策が大きく変わったことを示す事例がある。リーマンショック時とコロナショック時の金融政策である。

前掲図2-7に見るように、リーマンショック時（2008年9月）には、それ以前のパリバショック時（2007年8月）前から考えれば、日経平均株価は1万8000円程度から7500円程度にまで1万円下落、円は120円程度から80円程度まで40円も上昇した。一方、コロナショック（2020年3月）では、日経平均は4000円下落（その後、8月以降、ショック前の水準を取り戻した）、円は数円の上昇で済んでいる。これは、リーマンショック時ではマネタリーベースがほとんど増えていないのに、コロナショックでは大幅に増えているからである。すなわち、金融政策が、コロナショックに対して、かつてのリーマンショックに対してよりも適切に対処できているからである。もし、2020年のマネタリーベースの拡大がなければ、株価の暴落と円の急騰が起こり、日本経済を長期にわたって苦しめていただろう。

図2-8　マネタリーベース、貸出、マネー、預金、預貸率

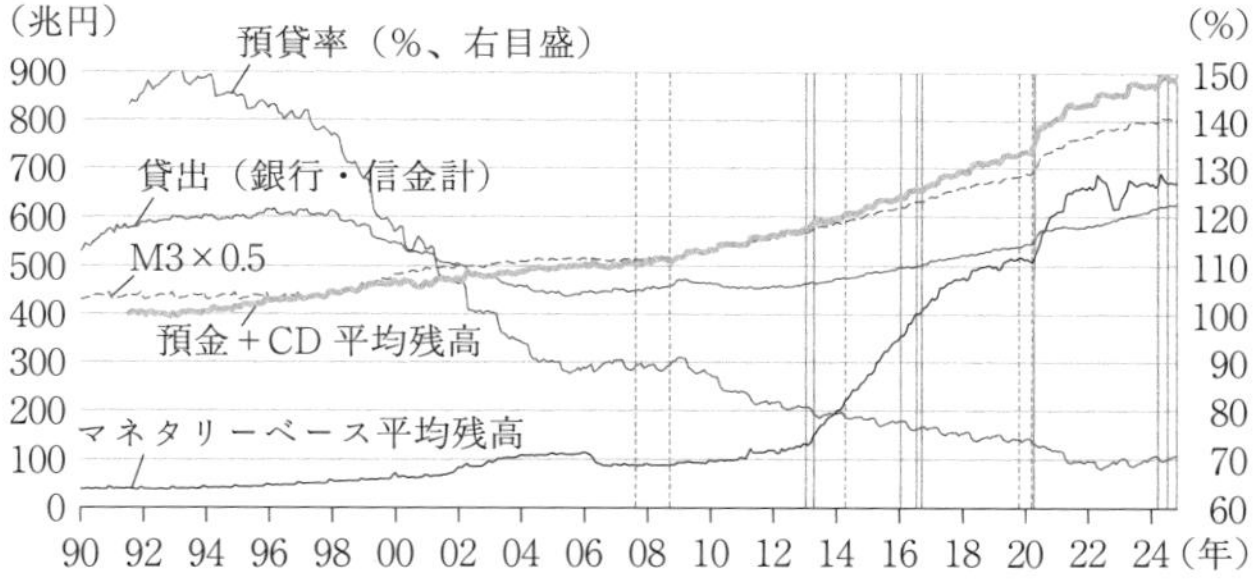

（出所）日本銀行
＊図2-5の注に同じ。

†量的緩和政策と貸出と預金とマネー

以上述べたように、量的緩和に対して多くの経路変数が反応していた。図2-8は、マネタリーベース、貸出、預金（CDを含む）、預貸率（貸出÷預金）、マネーストック（M3）を示したものである。

貸出は、90年代にはわずかながら増加していたが90年代末から低下傾向となった。2000年代、量的緩和期（2001～06年）にもわずかに伸びていたが、異次元緩和の2013年から増加傾向が高まった。ただし、同時に金利が低下しているので利ザヤが縮小しているなかでの貸出増加であり、銀行としては当然に不満を持つ（貸出と利ザヤと銀行の収益については第3章第2節の日本銀行2004・12・19、53～54頁の解説部分を参照）。また、コロナショック後の伸びは、多くの企業が手元資金を余計

に積んだこと、政府保証による融資の増大によるものだろう。

貸出と預金を比べると、90年代では預金以上に貸出があった。ところが、90年代末から預金が余りだし、預貸率（貸出÷預金）は傾向的に低下している（90年代末の急低下はデータの継続性に問題があるからである）。預金は集まるが貸出先がないという状況が生まれるようになった。問題は、貸出以上に預金が増えてしまったことである。コロナショック後の預金の伸びは、政府の給付金や政府保証のついた低金利での貸出増加によるものである。

銀行にとって、預金はいわば製品、貸出は売上である。売上と製品の差は在庫になる。貸出以上に預金が集まるのは在庫を増やしているのと同じだ。必要なのは在庫減らしである。金融機関が困っている根本的な原因は、借りる人がいないのにお金が集まってくるということにある（金融政策と銀行の経営問題については第3章第2節参照）。

マネーストック（M3）は異次元緩和以来順調に伸びていたが、2024年、停滞している。これがコロナショック後の一時的な預金の伸びの反動であることは事実だが、それ以上に2024年の経済停滞を示すものであるかもしれない。

†マネタリーベースと物価と全産業活動指数

最後に図2-9は、マネタリーベース、消費者物価指数（生鮮を除く）のレベル、全産

図2-9　マネタリーベース、物価水準、全産業活動指数

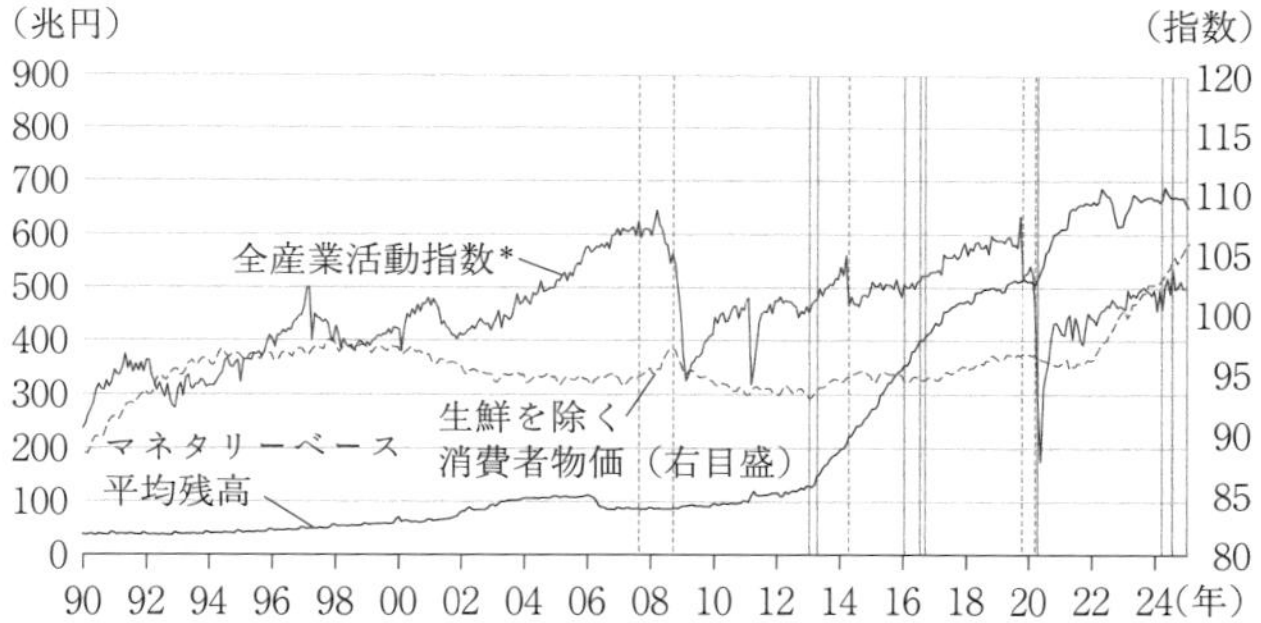

（出所）日本銀行、統計局「消費者物価指数」、経済産業省「鉱工業生産指数」「第3次産業活動指数」「全産業活動指数」
（注）全産業活動指数の2020年8月以降は鉱工業生産指数×0.15＋第3次産業総合指数×0.85の加重平均値。
＊図2－5の注に同じ。

業活動指数（全産業活動指数は2020年7月までしか推計されていないので、その後の数値は推計したものである。推計方法は図の注を参照。やや無理な推計をしたのは、鉱工業生産が特殊要因で大きく変動するので、特殊要因をなるべく除外した経済全般の動きを見たかったからである）を見ると、異次元緩和以前の停滞から緩和後の拡大が明らかである。しかし、2014年の消費税増税による急落、その後の増加、再び2019年の消費増税による急落、2020年3月のコロナショックによる急落、その後の回復を示している。消費者物価の水準も、2008年のエネルギー価格の高騰による上昇を除くと低下傾向にあったが、2013年4月の異次元緩和によって上昇に転じたこ

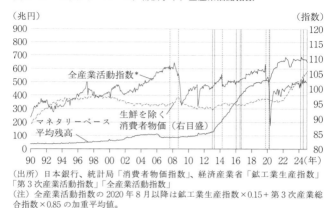

とが明らかである。

†金融政策の効果

以上をまとめてみると、異次元緩和によるマネタリーベースの増大とともに、すでにゼロにあった短期金利は動いていないが長期金利は低下し、予想物価上昇率が上昇し、実質金利が低下した。物価もマイナスのトレンドからプラスのトレンドになった。それにともない、株価が上昇、円が下落した。貸出もマネーストックも伸びて、全産業活動指数も増加した。途中、2度の消費税増税、コロナショックもあり、経済は順調に成長とはいかず、2%物価目標も達成できなかったが、第1章で見たように、異次元緩和以前に比べれば好転したことはたしかである。

金融政策としては、マネタリーベースの増大以外に、マイナス金利政策、ETFの買入額倍増、イールドカーブ・コントロール、オーバーシュート・コミットメントと様々な政策を打ち出してきたが、実体経済は様々な要因で変動し、これらの金融政策はグラフで見て一目瞭然という大きな効果をもたらしてはいないように見える。

†実証研究による量的緩和政策の効果

これまでグラフによって量的緩和と金融経路変数、実体経済との関係を見てきたが、量的緩和が実体経済を改善したという実証研究としては、原田・増島（２００９）、原田・石橋（２０１８）、本多・黒木・立花（２０１０）、Honda (2014)、宮尾（２０１６）、日本銀行（２０１５、２０２１、２０２３・12・４）、Kubota and Shintani (2023) などがあり、いずれも量的緩和が経済、物価を押し上げることを示している。一方、Kimura and Nakajima (2016) は、効果はプラスだが不確実だとしている。Michaelis and Watzka (2017) は、物価を上げる効果はあったが実質ＧＤＰを上げる効果はなかったという。さらに Fujiwara (2006) は、経済を拡大させる効果はなかったとしている。ただし、Fujiwara の研究は、２００６年までつづいた量的緩和政策を２００４年までのデータで分析したものであり、そう結論付けるには時期尚早だっただろう。また、アメリカ、ユーロ圏、イギリスにおいて、Wu and Xia (2016)、Ouerk, Boucher and Lubochinsky (2020)、Weale and Wieladek (2018) は、量的緩和政策が実体経済を刺激していたことを示している。

異次元緩和の数量的な効果について、日本銀行（２０２３・12・４）は、量的緩和政策が行われていなかったら、現実と比べて、鉱工業生産指数は15・４％低下、失業率は１・４％ポイント上昇していただろうとしている（引用文献ではグラフしか示されていない。以下の数字は日本銀行の事務局に問い合わせたもの）。本章第１節で説明したオークン係数が３

であれば、実質GDPは4・2%（3×1・4）程度縮小していたことになる。また、日本銀行（2024・12・19、1(3)、46頁、図表1－3－14）の時系列モデル（FAVARモデル）によれば、量的緩和政策が行われていなかったら、現実と比べて、鉱工業生産指数は14・8%低下、雇用者数は11・1%低下していただろうとしている（実際に異次元緩和によって雇用者数は2012年10～12月期から2024年10～12月期まで12・4%伸びている）。ただし、日本銀行の大型マクロ経済モデルでは、実質GDPのレベルは1・3%から1・8%の増加にとどまるという（日本銀行2024・12・19、45頁、図表1－3－12）。

筆者は、雇用者数が11・1%増えたのなら実質GDPがそれに比例して増えてもおかしくないと考える。ただし、雇用者数の増加の相当部分が短時間労働者であることから、その数分の一、たとえば、前掲の4・2%程度の増加であっても理解できる範囲だと考える。ちなみに、図1－4、図1－5のデータ（毎月勤労統計調査）により総労働時間（雇用×労働時間）を計算すると2012年から2023年にかけて2・9%しか伸びていない。

5　実証的金融政策無効論への反論

以上、量的緩和の指標であるマネタリーベース（MB）と、さまざまな金融政策の効果を示す経路変数の動きを見てきたが、量的緩和は効果がないという議論がある。それは、MBがいくら増大しても名目GDPは増大しないから、金融政策には効果がないというものである（小野・橋本2012、7頁、図1・3・2。小野2012、110頁、図3－2）。縦軸に名目GDPを取り、横軸にMBを取ると図2－10のようになる。本の出版年から考えて、データは当然、図の左側の2012年以前までのものである。たしかに、1997年の名目GDPをピークとしてMBを拡大しても2012年まで横ばいどころか下向きになっている。では、他の国、あるいは2012年以降はどうなっているだろうか。

図には日本だけでなく、イギリス、アメリカ、韓国、ユーロ圏、スイスの名目GDPとMBの図も示している。日本以外の国では2012年以前でもMBの伸びとともに名目GDPも伸びている。それはイギリスと韓国で特に明らかである。そこで、あまり明らかでないアメリカ、ユーロ圏、スイスについて説明しよう。

アメリカの場合、2008年9月のリーマンショックに反応して、MBを伸ばしたことがわかる。それによって名目GDPも拡大し、MBと名目GDPの関係が明らかとなった。ユーロ圏では、2009年にはMBが伸びず、名目GDPも大きく落ち込んだ。トリシェ総裁の時代である。2011年にドラギ総裁の時代になると2012年にMBを急拡大させ、2019年ラガルド総裁になると、2020年のコロナショックに対応してMBを大

図2-10　マネタリーベースと名目GDPの関係

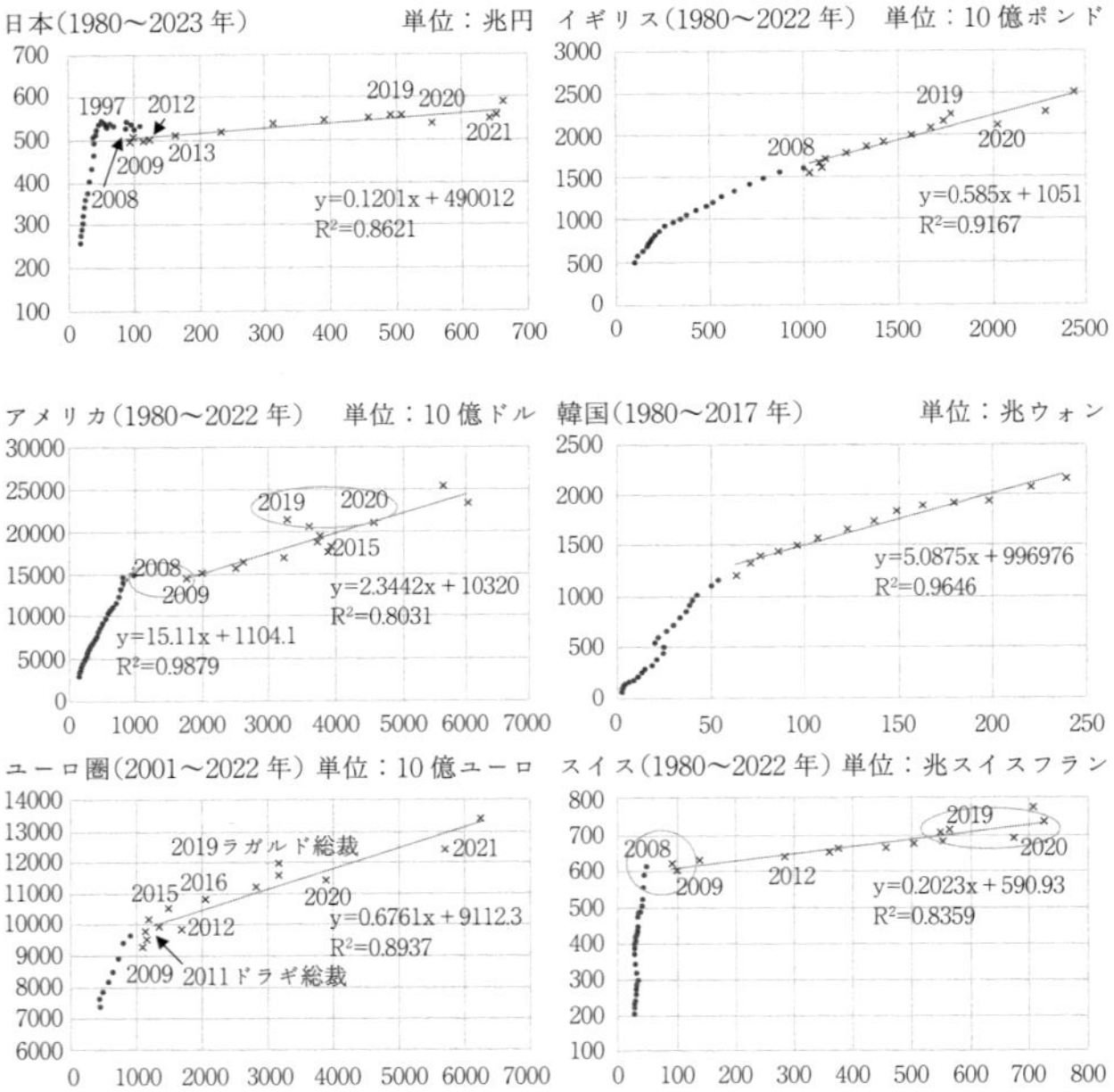

(出所) アメリカ (Fred, "BOGMBASE")、日本 (日本銀行、マネタリーベース)、ユーロ圏 (ECB, Base money (ILM.M.U2.C.LT00001.Z5.EUR))、英国 (Fred, MANMM101GBM189S)、カナダ (Government of Canada Statistics. Bank of Canada, Monetary Base)、スイス (Fred, SNBMONTBASE)、韓国 (IMF. "International Financial Statistics")
(注) 韓国の2018年以降のマネタリーベースは2009年から2016年までの回帰式マネタリーベース(10億ウォン)＝1704.5×M3(2015年＝100の指数)－48295 (R^2 ＝0.9991) により推計。

きく拡大させ、トリシェ時代にあったような名目GDPの急激な落ち込みはなくなった。トリシェからドラギの時代に外部的な負のショックに対してMBを拡大することで、ショックに対応するという考えが確立したことがわかる。スイスはリーマンショックに対して躊躇なくMBを拡大させ、2020年のコロナショックに対してもそうしていることがわかる。

日本は、リーマンショックに対してMBをほとんど増加させていない。名目GDPは落ち込み、それが続いた。2013年の異次元緩和によってMBが伸びた結果、名目GDPは伸びるようになった。2020年のコロナショックでもMBを伸ばしているが、名目GDPの伸び方は低い。

図の近似線の式から2009年以降の自国通貨単位でMBが1億増加すると名目GDPがどれだけ伸びるかという関係を見ると、イギリスが0・6億、アメリカが2・3億、韓国が6・7億、ユーロ圏が0・7億、スイスが0・2億伸びるが、日本は0・1億しか伸びない。

また、いずれの国も係数は低下している。図がわかりにくくなるのでアメリカだけに1980年から2008年での近似線を入れているが、アメリカの場合、1980年から2008年までの係数ではMBが1億ドル増えると名目GDPが15・1億ドル増えるという関係があった。たしかに、MBを増加させても名目GDPがこれまでより伸びないという関係になった。

†日本の係数が低いのはなぜか

日本で特にMBと名目GDPとの係数が低いのはなぜだろうか。一つは日本がデフレ状態にあったからである。マネーを増加して物価が上がれば、多くの人は手持ちの現金や預金が目減りするので何とか別の資産を保有しようとする。たとえば株式、土地、外国債券、外国株式である。しかし、デフレであれば、キャッシュや預金で持っていても構わないと考える。また、物価上昇率が高ければ金利も高く、MBの増加による名目金利の低下が実質金利のさらなる低下をもたらしやすい。これによって実物投資も拡大する。

これらの国の2000年以降の消費者物価上昇率を見ると、日本が0・4%、イギリスが2・6%、アメリカが2・5%、韓国が2・5%、ユーロ圏が2・1%、スイスが0・6%であり、物価上昇率の低い日本とスイスでMBと名目GDPとの係数が低くなっている。逆に考えれば、日本も物価上昇率が2%程度になるようにしていれば、MBを増やしても名目GDPがなかなか上がらないという状況は防げたのではないか。

日本において、MBを伸ばしても名目GDPが伸びないという図は、MBと名目GDP

の関係を否定しているのではなく、日本の金融政策が失敗し、デフレを招いていたことを示している（以上は原田2024・3・14による）。

6 高圧経済論とその限界

これまで、異次元緩和の結果、GDPや雇用など実体経済が改善したことを示してきた。もちろん、改善しすぎて、2%を大きく超えるインフレ率の高騰、バブルの発生などの危険がないわけではない。筆者は、ある程度、経済を過熱気味にすることで短期的に失業率が低下するだけでなく、長期的にも経済成長率を高めることができると考えている。なぜなら、高圧経済によって労働者が職に就くことで技能が高まり、人手不足によって合理化投資が行われて生産性が高まることなどが期待できるからだ。この考え方は高圧経済論と呼ばれている（詳しくは原田・飯田2023）。なお、高圧経済（High Pressure Economy）という言葉は1970年代から使われているが、2016年にジャネット・イエレンFRB議長（当時）によるスピーチ（Yellen, 2016）で使われ、大きな注目を集めた。しかし、高圧経済を求めることには意味がないという考えもある。

†高圧経済政策には意味がないのか

図2－11は、アメリカの物価上昇率（食料とエネルギーを除く総合の前年比）と失業率を示したものである。図の構造失業率は、私が単に4・5％と置いただけであるが、現実の失業率が5％より低くなっているのは、直近を除くと、2000年のITバブル崩壊の前、2008年のリーマンショックの前だけである。また、失業率が4・5％以下になると物価が2％を超えて上昇するように見える。80年代の前半は高失業だが高インフレの時代だから、金融緩和政策で失業率を下げるという議論は成立しえない。90年代後半、物価上昇率が2％となって経済が安定し、失業率も低い水準で安定した。4・5％の直線で失業率が上に大きくはみ出しているのはリーマンショックとコロナショックの時である。これを除くと、金融緩和政策で失業率を4・5％以下にしてもあまり大きな利益が得られないような気がする。アメリカの経済学者が経済安定化政策への関心が薄れたのは、アメリカの経済指標を見ればある程度は理解できる。

ノーベル経済学賞を受賞したシカゴ大学の故ロバート・ルーカス教授は「10％のインフレーションをゼロにすると消費水準を恒久的に1％高めることができる。資本課税をゼロにすることで消費水準を2～4％引き上げる。一方、景気変動をならすことで得られる効

図2－11　アメリカの失業率と消費者物価上昇率

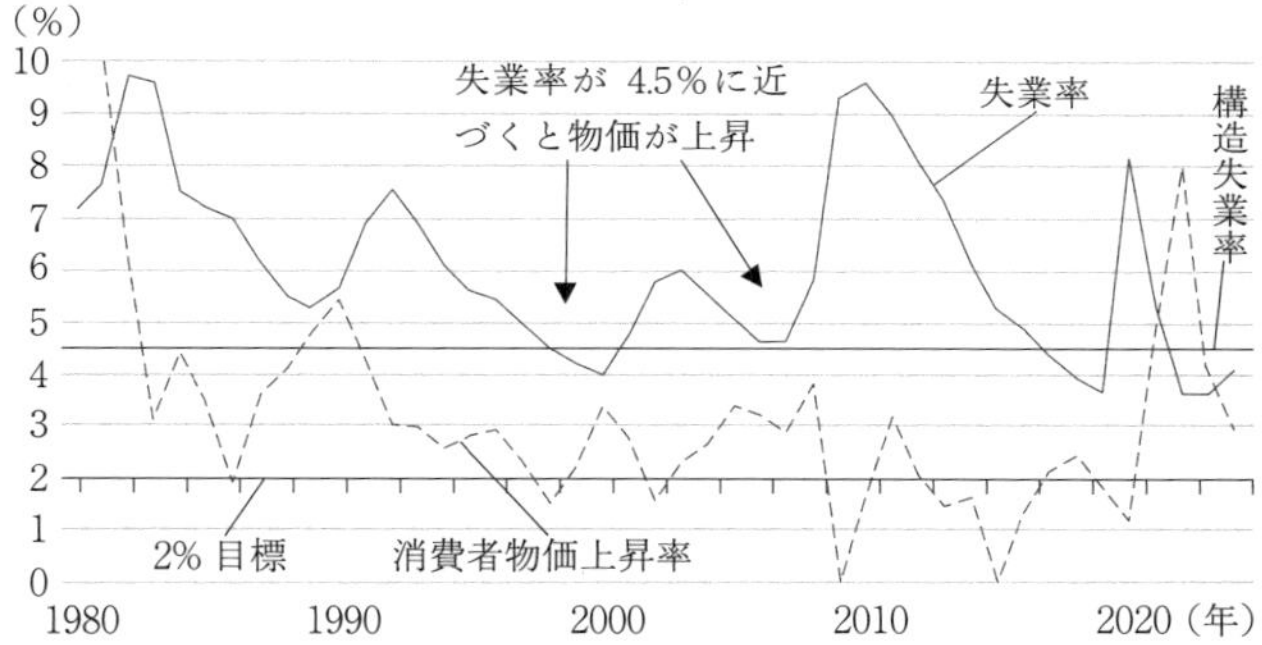

（出所）IMF, World Economic Outlook Database, October 2024.

図2－12　日本の失業率と消費者物価上昇率

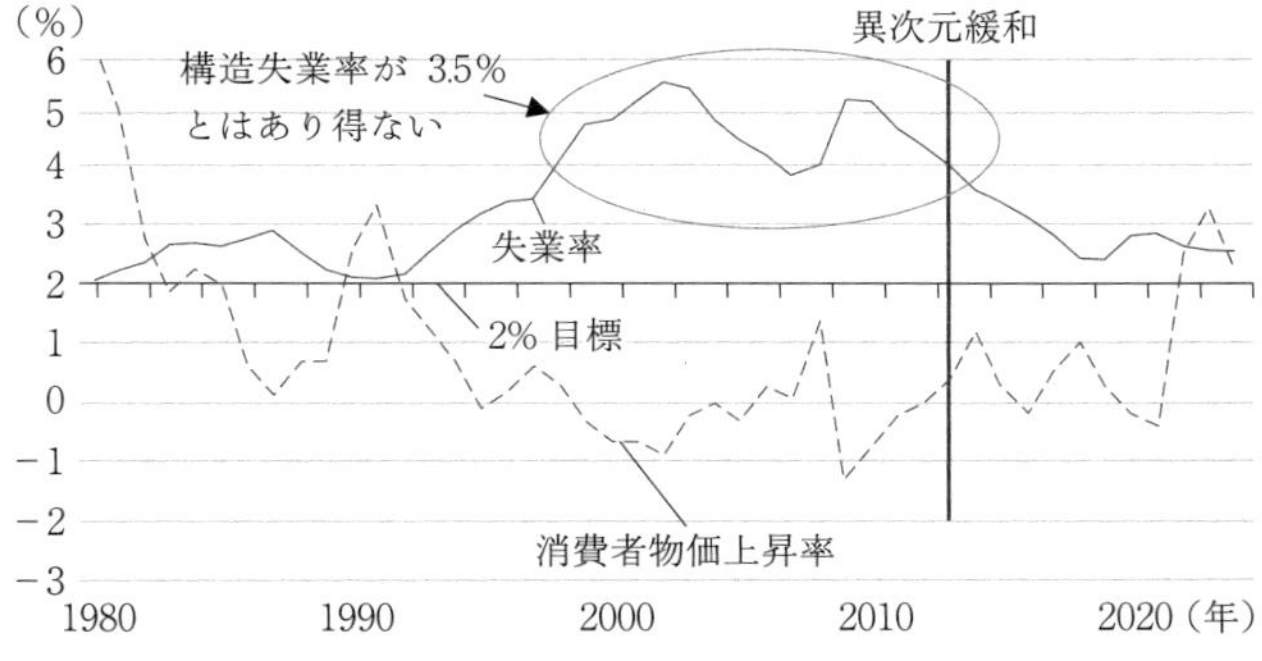

（出所）IMF, World Economic Outlook Database, October 2024.
（注）消費税増税の影響を除外するために、1989年、90年では1.5%、0.5%を、1997年、98年では1.125%、0.375%、2014年、15年では1.6%、0.5%、19年、20年ではともに0.15%を差し引いている。図は暦年のデータであるため、このような数字となっている。

用は消費の0・05%でしかない」と言っている（Lucas, 2003）。だから、より大きな利益を得られる可能性のあることに研究努力を集中すべきだということだろう。しかし、利益が小さいのは、金融政策が適切で失業率を低く抑えてきたからだとも考えられ、アメリカでも高圧経済の試みが有益と考えている経済学者も多い。最近になっての高圧経済論への関心の復活は、前述のイエレン氏のスピーチに表れている。また、アメリカの実際の物価上昇率を見ると、リーマンショックの後を除いては2%以上、2〜3%のインフレ目標政策を採用していたようにも思える。そうするとアメリカはそもそも物価が多少上振れても失業率の低下を目指す高圧経済政策を実行してきたとも考えられる。

一方、図2−12で日本の失業率を見ると2000〜2010年にかけて4・5%の前後を動いていた。これを前提に、後述のように日本の構造失業率は3・5%だという議論が流行っていた。ところが、異次元緩和により失業率は2%に近づいていった。この過程で素晴らしいことが起きたのは第1章で詳述した通りである。つまり、失業率を4・5%から2%に低下させるような高圧経済政策は正しく、大きな利益をもたらしたということである。

大胆な金融緩和後、失業率は大きく低下した。にもかかわらず、2022年のエネルギー価格の高騰まで物価は2%以下で安定していた。すると1990年代初以降、大胆な金融緩和政策で、インフレを甘受することなく失業率を低下させることができたはずである。すなわち、アメリカはともかく、日本で高圧経済はインフレを招くことなく失業率を低下させることができたということである。日本で2013年まで大胆な金融緩和を行わなかったことの損失は大きかっただろう。であるなら、高圧経済の議論が盛んになるのは当然である(中野・加藤2017)。

一方、アメリカではすでに適切な金融政策、あるいは高圧経済政策が行われており、それゆえにさらに高圧経済政策を行うことの利益が日本ほど大きくないと言えるだろう。

†2022年からの世界的インフレは高圧経済政策の失敗か

ところが2022年には、世界的にインフレ率が高進した。日本のインフレ率はピークで4・3%にとどまっていたが、世界的には10%近いインフレ率を示していた。これは2022年のロシアのウクライナへの侵攻にともなう世界的エネルギー価格や食料価格の上昇によるものだが、雇用維持や高圧経済のために金融財政政策が過度に緩和的になったからであり、金融政策の失敗であるという声もあった(河野2023、xii-xiii)。以下、欧米のインフレ高進は金融政策の失敗だったという説について考えてみたい。また、これの日本に対する教訓についても考えたい。

図２－13　各国のインフレ率（CPI 総合）の推移

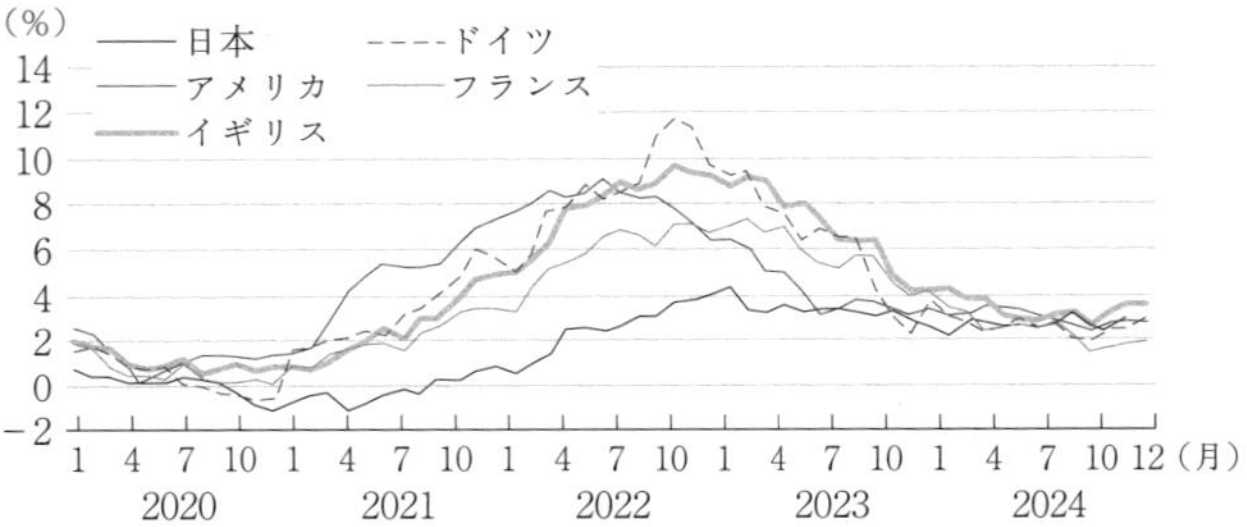

（出所）日本は総務省「消費者物価指数」、アメリカは FRED “Consumer Price Index for All Urban Consumers”、イギリスは Office for National Statistics “CPIH ANNUAL RATE 00”、ドイツとフランスは ECB “Indices of Consumer Prices, HICP Overall Index”。日本は 2024 年 11 月まで、欧州・イギリス・米国は 2024 年 12 月まで。

欧米のインフレ高進

２０２２年の欧米のインフレ率（前年同月比、以下同）は、図２－13に見るように大きく上昇した。アメリカの場合、２０２２年６月に９・０％とピークを付け、イギリスでは２０２２年10月に同９・６％、ドイツも同月に11・６％、フランスは２０２３年２月に７・３％とピークを付けた。２０２５年初でもフランスを除くすべての国で２％を上回っている。

政策金利と物価の関係

図２－14で、日米英欧の政策金利と物価の関係を確認しておこう。政策金利から物価上昇率を引いたものを実質金利として、図では棒グラフで示している。各国の物価は２０２１年から

図２−14　日米英欧の政策金利と物価の推移

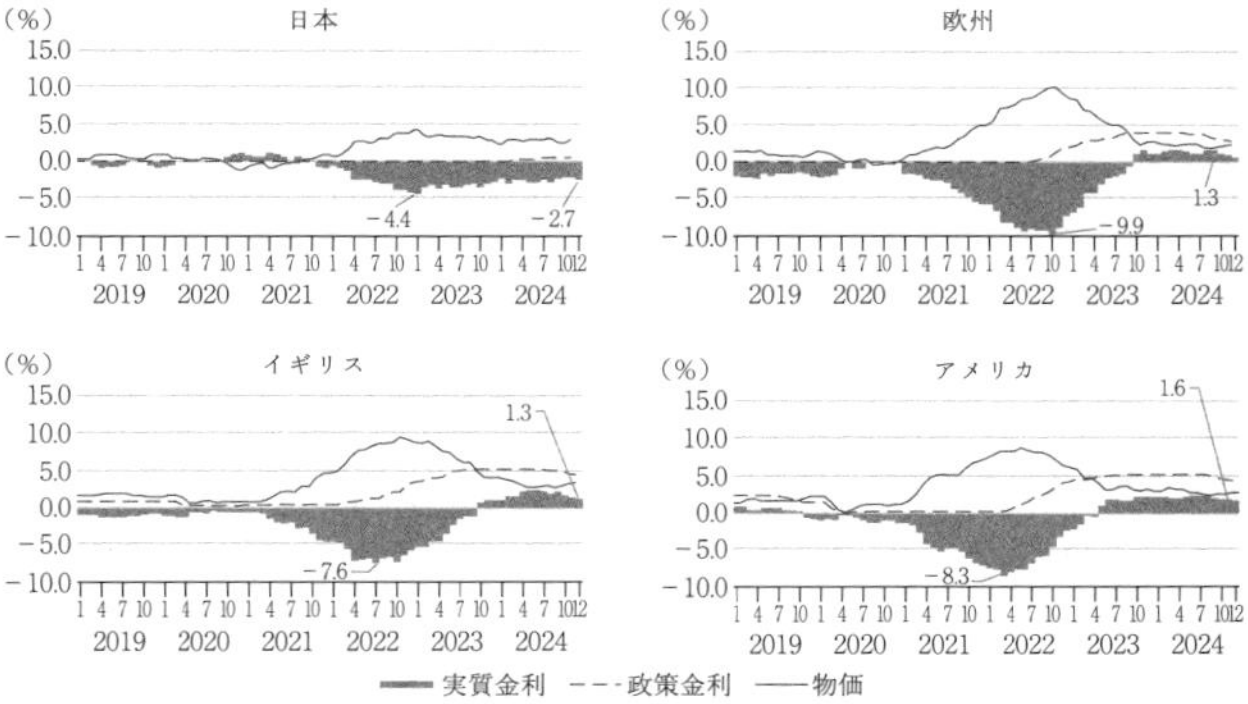

（出所）政策金利は日本銀行「金融市場調節方針の変更について」、FRED “FREDTARU”, “DFEDRARL”, ECB “Key ECB interest rates”, BOE “Official Bank Rate” による。物価は図2-13に同じ。

上昇に転じたが、政策金利を引き上げず、2022年の中頃まで実質でのマイナス金利が深くなっていた。欧英米の実質金利がプラスになるのは2023年5月以降である。日本は物価が安定的に2％で推移する見通しが立っていなかったことから、政策金利を引き上げておらず、実質金利は、2024年6月でもマイナスとなっている（ただし、物価が他国と比べて上がっていないので、実質金利のマイナス幅は小さいままだった）。物価だけを見れば、欧米は、金融引き締めが遅れたと言ってもよいのではないか。米連邦準備制度理事会（FRB）のパウエル議長も、2022年5月17日のWSJ主催のイベントで「今にして思えば、もっと早く利上げすべきだった」という趣旨の発言をしている。アメリカの消費者物価（総合、前年比）は、図2－11で見たように、2021年3月には2％を突破し、6月に5・3％、22年6月に9・0％でピークに到達したが、それ以降は徐々に上昇率が低下している。FRBが利上げを開始したのは、2022年3月であったので、効果が表れるまで半年かかったことになる。これを逆に考えると、仮に2021年6月以降、5％以上の伸びが継続したどこかの時点で、利上げを開始していれば、インフレ率が低下するのはもっと早かっただろう。

†金融政策は物価と景気をともに考慮して

もちろん、金融政策は物価だけで判断すべきではなく、物価と景気、失業率の両方を考慮して判断すべきである。図2－15で日米英欧の失業率と物価の推移を見ると、アメリカは2020年4月にコロナショックにより大きく失業率が上昇したが、その後低下し続けている。一方、物価は上昇し続けていたのだから、2021年の中頃には金融引き締めに入っても良かったかもしれない。イギリスはアメリカよりも早く2021年12月に利上げを実施したものの、2022年後半まで物価上昇が続いた。欧州は2022年7月に利上げを実施し、物価もほどなく低下に向かった。いずれの国でも2％へと完全に回帰したわけではなく、より早い段階での金融引き締めがあっても良かったのかもしれない。

図２−１５　各国の物価と失業率の推移

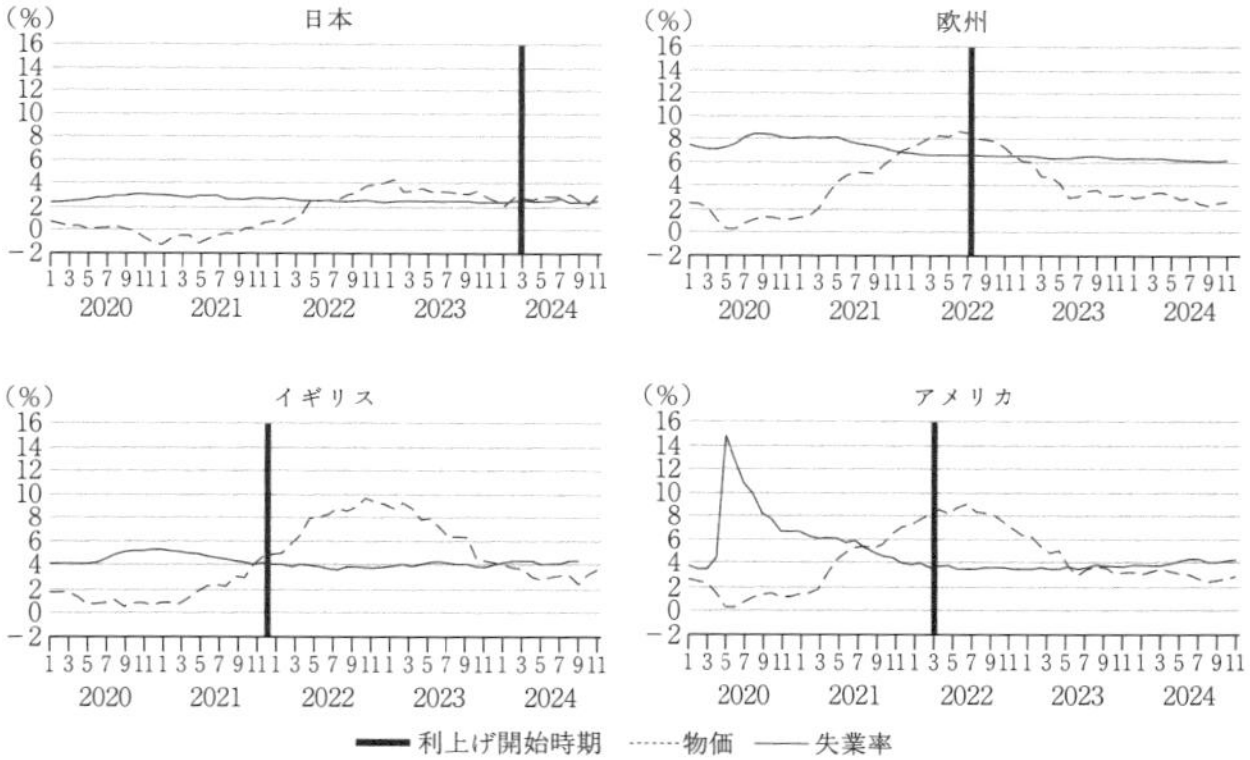

（出所）物価は図2-13を参照。失業率は、日本は厚生労働省「労働力調査」完全失業率、欧州はEurostat、イギリスはOffice for National Statistics “Unemployment”、アメリカはFRED “UNRATE”。イギリスの失業率は2024年9月まで、それ以外は2024年11月まで。

†2021年以降のインフレの要因

このように金融引き締めへの転換が遅れたことが今回のインフレ高進の第1の理由であるが、他にも理由がある。

第2は、今回のインフレが需要のみならずエネルギー価格、食料価格の高騰という供給面の要因でも起きたインフレであったことである。エネルギー価格、食料価格の上昇に対して、財政金融政策でできることは少ない。特に資源輸入国である日本にとって、エネルギー価格の上昇は富の流出であり、貧しくなることなので、物価上昇を通じて貧しくなっているということである。

また、2020年以降のコロナ禍で行われた生活支援は、外出しないこと、ひいては働かないことを支援する面があった。人が集まればコロナを拡大してしまうのだから、外出せず、働かなくても生活できるようにすることは必要であったが、いざコロナが終われば働かなければならない。しかし、コロナの生活支援が続けば、労働供給を削減することになりかねない。これは物価上昇をさらに強める。

さらに、2021年夏ごろから、自動車生産に必要な半導体生産が遅延し、新車の生産が遅れたことも物価を押し上げた。これに対しても財政金融政策でできることは少ない。

第3に、金融政策だけでなく、財政面からも大きな景気刺激策が行われたことである。コロナ前の景気の落ち込みは、主に消費者がモノを買わなくなるからで、金融政策によって消費者マインドを温めてやれば、景気は回復でき、また、リーマンショックのような大きな金融危機時には、金融政策だけでなく財政政策で減税や失業給付をすれば景気を持ち直させることができる、との考え方が一般的となった（Blanchard, Dell'Ariccia and Mauro, 2010）。コロナショックでもこの考え方が取られ、各国政府はコロナの影響拡大に応じて、財政政策・金融政策を総動員した。この結果、インフレ率は2％を大きく超える水準まで上昇した。ところが、財政政策を機動的に転換するのは難しく、物価が上昇しているにもかかわらず、すでに決められた財政支出はそのまま執行されることになった。

図2-16 リーマンショック後とコロナショック後の1人当たり実質購買力平価GDP

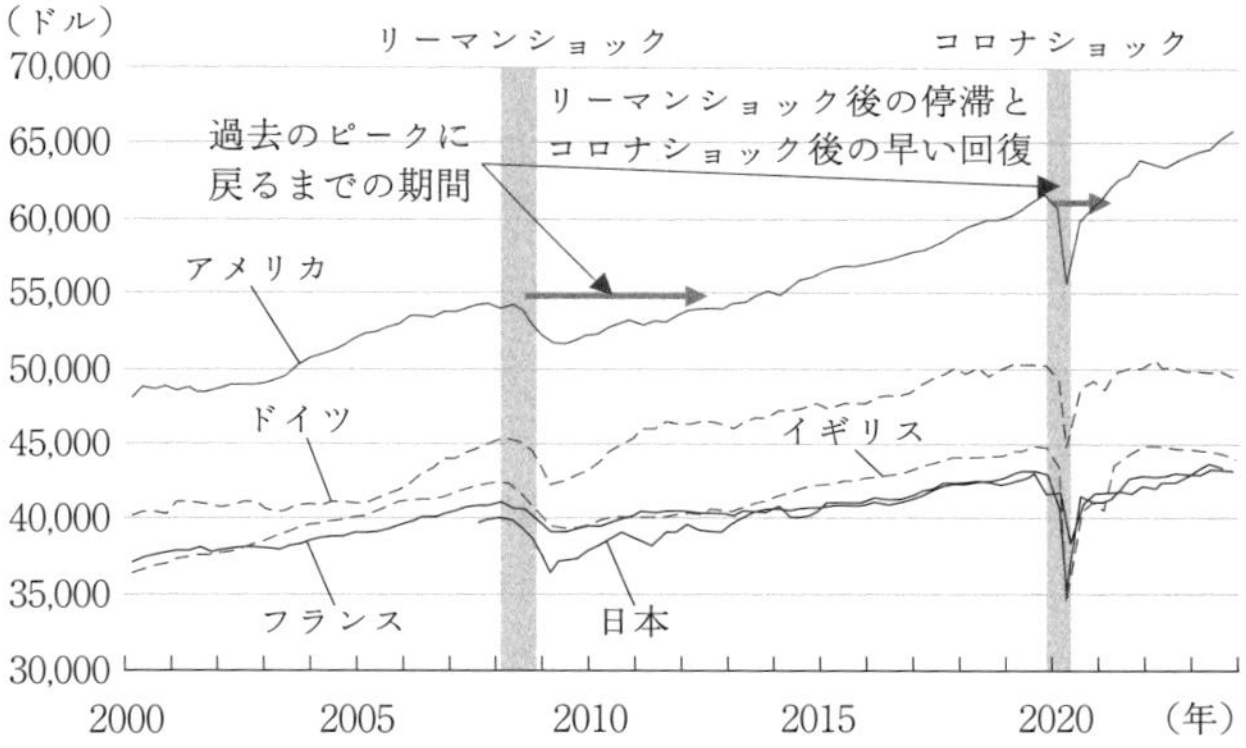

（出所）OECD, Data Explorer, 各国の Quarterly GDP per capita

†金融緩和継続のメリット

しかし、金融緩和を継続したことによるメリットもあった（嶋津2023はこのメリットを強調している）。図2-16は主要国の1人当たり実質購買力平価GDPの推移を示したものである。2008年のリーマンショック後の回復と2020年のコロナショック後の回復を比べると、ドイツを例外としていずれの国の回復もコロナショック後が早いように見える。アメリカは、リーマンショック後、ショック前のピークに戻るのに5年と2四半期かかったのに、コロナ後は1年と1四半期で戻っている。イギリスの場合は、リーマンショック後は7年と3四半期だったのにコロナ後は2年と半年だ。日本も5年と半年だったのが3年と半年になった。これは金融緩和を続けていたからだろう。また、アメリカの場合は成長率のトレンド的低下が見られない。これは金融財政両面から需要圧力をかけたからだと言えるかもしれない。

2022年のエネルギー、食料価格の高騰から始まったインフレについては、各国は供給面からのインフレと理解して需要面からの金融引き締め策を取るのが遅れたのかもしれない。また、これを高圧経済政策の失敗と捉える向きもある。しかし、アメリカでは、金融財政両面からの高圧経済政策によって、不況以前のピーク時に戻るまでの期間が短く、過去の成長トレンドからの低下が見られない。これらを考えれば、少なくともアメリカにおけるインフレの高進を高圧経済の失敗とは言えないだろう(以上は原田2024・8・7による)。

7 低圧経済の失敗と構造失業率

高圧をかけすぎれば失敗する可能性もあるが、日本の場合は低圧にし過ぎて失敗を繰り返している。

自然失業率、構造失業率、NAIRU(Non-Accelerating Inflation Rate of Unemployment、

物価上昇率を加速させない失業率）が3・5%であるという議論は、政府や日銀、民間エコノミストを通じて、2000年頃から盛んだった。自然失業率とは、景気や物価動向に左右されない失業率、構造失業率とは雇用主が雇用者に求める技能などが雇用者の持つ技能などとマッチしないことによって生まれる失業率である。どちらも、金融緩和政策などによって景気を刺激しても低下しない失業率ということになる。NAIRUは、これ以上景気を刺激すればインフレ率が加速してしまう失業率であるから、いずれも、景気刺激策によっては、これ以上下げることが不可能な、またはインフレ率の加速という望ましくないことが起きる失業率のことである。

構造失業率という概念は、労働経済白書（厚生労働省2001、第1章第1節、第5図）、経済財政白書（内閣府2001、第1章第1節3「低迷する消費　景気循環にかかわらず高水準の失業率」1−1−13図、付注12）などにも登場している。これらは、いずれも、UV分析という手法で構造失業率が3%台前半から半ば程度だと試算していた。

しかし、日本において構造失業率が3・5%程度であるというのは、誤りだと筆者は指摘していた。それについて筆者がもっとも包括的に書いたのは、北浦・原田・坂村・篠原（2003）である。これは2001年末に5%台半ばまで上昇した失業率のうち大半（4%程度）が構造失業率であるという当時の通説が誤りであることを示したものである。日本の構造失業率は若干上昇している可能性があるが、1990年代以降に生じた失業率の上昇の多く（2〜3％）はデフレーションの影響を含む循環的要因であり、2001年の構造失業率の水準は2％台半ばから3％台半ばというのがその時の結論だった。

しかし、2015年になっても、構造失業率3・5％論は根強く残っていた。たとえば、富士通総研エグゼクティブ・フェローの早川英男氏は、「現在の雇用水準はNAIRU（物価上昇率を加速させない失業率）を下回っている。このタイミングであわてて追加緩和してしまうとオーバーシュートしてしまう。2％に戻すためには、今度は極端な引き締めが必要だ」と2015年5月16日の日本金融学会で主張した。発言だけでは不十分と思うので、早川氏の著書からも引用しておくと、「賃金上昇率はまだ低いが、失業率が3・5％に達した頃から徐々に伸びを高めている。これは、構造失業率≒自然失業率≒3・5％という関係がおおむね成り立っていることを示唆する」と2016年の著書にも書いている（早川2016、144頁）。

†構造失業率の再推計

その後、筆者が編著の本（原田・片岡・吉松2017）で、前日本銀行審議委員の片岡剛士氏の行った分析（片岡2017）では2・8％程度という結果を得た。後に、片岡氏は、自ら、この分析は不十分で、中川（2018）の、働き盛りの男性の労働力率（労働者＋失業者／人口）が低下していることなどから、賃金・物価が十分に上昇するための失業率は2％程度という主張を引用している（片岡2019・9・4）。

今になってみると、2019年10月の消費税増税以前、コロナ以前、2019年夏の失業率は2・2％で、消費者物価（生鮮を除く）上昇率は0・5％にしかなっていないので、筆者の推計した構造失業率も高すぎた。物価は上がっていないのだから、構造失業率はさらに低いのだろう。3・5％の失業率が構造失業率という主張は、まったくの誤りだったというしかない。

日本銀行も2015年当時、構造失業率3・5％に同意していた。2014年10月31日まで「展望レポート（基本的見解）」の本文で、構造的失業率は3％台前半から半ば程度であると書かれていたからだ。ところが、この数字は、2015年4月30日の「展望レポート（基本的見解）」の本文から落ち、注において「構造失業率を一定の手法で推計すると、このところ3％台前半から半ば程度であると計算される」と記されるようになる（なお、それ以前は構造的失業率であったが、2015年4月以降は構造失業率となっている）。さらに、2016年4月以降は基本的見解の注からも削除され、背景説明の文章と注のみで説明されるようになった（展望レポートの基本的見解は、日本銀行政策委員会政策委員（総裁、副総裁、審議委員のこと）の了承を必要とする文書だが、背景説明は日銀事務局作成の参考文書である）。その後、２０１６年７月以降は、注から構造失業率の数字が落ち、かつ「ここでの構造失業率はＮＡＩＲＵ（Non-Accelerating Inflation Rate of Unemployment）の概念と異なり、物価や賃金との直接的な関係を表す訳ではない」という説明が加わった。ただし、この間、背景説明の本文には構造失業率の数字があり、グラフも掲載されていた。ここで本文の説明は、「（失業率は）構造失業率近傍である３％台前半で推移している」となっていた。すなわち、構造失業率は３％台前半の近傍であることになる。また、グラフからは構造失業率が３％台前半から徐々に低下していることが読み取れた。

しかし、２０１８年４月のグラフで構造失業率が２・７％程度に急低下したときには、「失業率も足もとでは構造失業率をやや下回る２％台半ばとなっている」という説明になった。さらに、２０１８年７月、背景説明から構造失業率という言葉もそのグラフも削除された。構造失業率という言葉が、日銀文書から完全に消えるまで３年４カ月たっていた（２０１５年３月に、筆者が日銀政策委員会審議委員として日銀スタッフに「構造失業率３・５％説は誤りである」と指摘した）。

構造失業率の扱いが徐々に小さくなり、消滅したことは、理屈よりも現実が人々の考えを変えるということの証拠である。社会主義や共産主義は、いまやきわめてマイナーな思想で、それを信じている人は、ロシアや中国(の権力者を含め)にもほとんどいないと思うが、それは、社会主義はうまくいかないと考える自由主義の経済学者たちが、人々の説得に成功したからではない。社会主義も共産主義もうまくいかず、人間の自由も、経済的福利も向上させなかったという事実が、人々の考えを変えたのである。現在、ロシアや中国の政治エリートはその強権によって彼らの国家から資金を絞り出しているが、その資金を持って、アメリカをはじめとする、より安全で自由な社会で暮らしたいと思っている。一言で言えば、アメリカ人になりたいと思っているロシア人や中国人は多いが、その逆はいないということだ。

†構造失業率3・5%説は2015年4月には否定されていた

2015年4月7~8日の金融政策決定会合後の総裁記者会見で、黒田総裁は、「日銀は構造失業率は3・5%程度と言っているが、原田委員(筆者は2015年3月15日に日本銀行政策委員会の審議委員になったばかりだった)は2・5%程度と見ていると言っている。これについてどう思うか?」という質問を受けた。黒田総裁は、「この違いが直接的に金融政策の違いをもたらすことにはならない」と答えた。なぜなら、金融政策の目標は2%の安定的な物価上昇であり、それをもたらす失業率がいくらであるかの違いによって金融緩和の程度を強めるか弱めるかの判断が直ちに異なるわけではないからだ。物価が2％を明らかに上回りそうであれば引き締めなければいけないし、明らかに物価が下降していれば金融を緩和しなくてはならない。その時の失業率が何％であろうが、優先的に見る指標は物価上昇率であるからだ。日銀の文書から構造失業率という言葉が消えるのは、2018年7月のことだが、実質的には、この時の総裁記者会見で消えていたということだ。

そもそも、構造失業率が3・5％だという議論は、緩和を止めるべきだという人々が、止めるべき根拠の一つとして言い出したものだ。総裁の答えは、構造失業率3・5％論に何の意味もなく、かつ、政策委員（正副総裁、審議委員のこと）の間に対立があるという記事を面白おかしく書きたい記者の意向を挫《くじ》く答えだった。後に、ある日銀高官は、「構造失業率3・5％論は、完全雇用でないのに金融緩和政策を止めるための口実に使われている」と私に言った。まったくその通りである。早川英男元理事のみならず、白井さゆり日本銀行審議委員も、「日本は需要不足ではない。失業率や資本稼働率を見ればスラック（余剰資源）はほぼない」と言っていたが（野口・白井2016）、まったくの誤りである。

ではなぜ、金融緩和政策を止めたいという考えが生まれるのか。それは、彼らが、短期金利を上げれば長短金利差が拡大して銀行経営が楽になると考えているからだろう。しかし、短期金利を上げても長期金利が上がるとは限らない（第3章第2節「金融政策と長短金利差」参照）。

8　円高は日本を低圧経済にする

日本を低圧経済にしてきたものは財政金融政策両面から、十分に刺激的でなかったことだが、その大きなきっかけはバブル崩壊後の1992年から95年にかけての円高である。さらに1999年から2000年にかけての円高、特に、2008年9月のリーマンショック後2012年までの円高の影響は大きいだろう。リーマンショックによって世界的に需要が蒸発したと同時に、円が急騰し、1ドル80円という水準にまで行った。それまで120円程度だったのから1・5倍の円高である。一方韓国は、3割ほどウォンが低下した。日本は韓国に対して2倍の円高になったのである。これで日本経済は壊滅的打撃を受けた。他の国は、需要の急減に直面しただけだが、日本はそれに加えて価格競争力の激減という状況に陥った。もちろん、生産性を引き上げればよいのだが、企業は常に生産性の向上を目指しているものである。そこからさらに50％の生産性上昇などできはしない、そこで頼みは労働コストの削減となる。賃金が低下し、そこからデフレがさらに進むことになる。野村（2023、63～64頁）は、過度な円高が国内賃金の低下をもたらし、それがデフレ圧力の源泉であると指摘している。

円安によって原油価格の上昇が増幅され、悪いインフレが定着し、消費者の負担を増す、円を実質実効レートで見ると50年ぶりの円安になっている、などという議論が流行っている（「円の実力50年ぶり低さ　実質実効値、円安進み購買力低下」『日本経済新聞』2022年2月17日付）。しかし、このような議論は誤解に過ぎず、さらに悪いことには、誤解に基づく対策はさらに状況を悪化させる。

なお、名目実効為替レートとは、円ドル・レートのような2国間の為替レートではなく、多国間の為替レートを、相手国との貿易額によりウエイトを付けて指数化したものである。後出する実質実効為替レートとは、さらに各国のインフレ率に応じて為替レートを調整したものである。日本の円が上昇しても、日本がデフレで物価が下落し、アメリカがインフレで物価が上がっていれば、円高でも日本の輸出競争力が必ずしも低下しないことがあるからである。ただし、実際には、円高は急激すぎて、日本と他国のインフレ格差では間に合わないほど日本の競争力は低下した。

†日本は円高になり過ぎで変動も大き過ぎる

アメリカ、イギリス、ドイツ、イタリア、スイス、韓国、日本の名目実効為替レートの動きを見ると図2-17のようになっている。日本の円は、1980年代から急激に上昇して96年に4倍以上となった。その後大きな変動を繰り返し、アジア通貨危機（97年）、日本の金融危機（98年）の後に2000年まで、パリバ・ショック（07年）、リーマン・ショック（08年）の後に2012年まで上昇したが、13年に大胆な金融緩和を始めるとともに落ち着いた（2020年以降では下落している）。

このような円高でよいことがあったのだろうか。80年代央からの急激な円高では、バブル経済の到来で大不況にはならなかったが、バブル崩壊で日本経済は長期にわたって苦しんだ。さらにバブル崩壊後の日本経済も何度も円高で苦しんだ。こんなに自国通貨高になった国はどこにもない。

時点を変えれば円高になっていないという意見もあるかもしれないので、図2-18で1990年を基準としたグラフも示すが、四半世紀も円高が続き、かつ円の価値が日本ほど変動している国はどこにもない。

日本は名目で見れば円高でも実質で見れば円高ではないという議論があるので（伊藤・清水2010は2010年の円高についてそう言っている）、実質実効為替レートで見たのが、図2-19である。名目ほど円高になっていないが、それは日本の物価が下落したからである。1990年代の末まで物価が下がっても円高だったが、その後2013年以降の大胆

図2-17　名目実効為替レート（1980年=100）

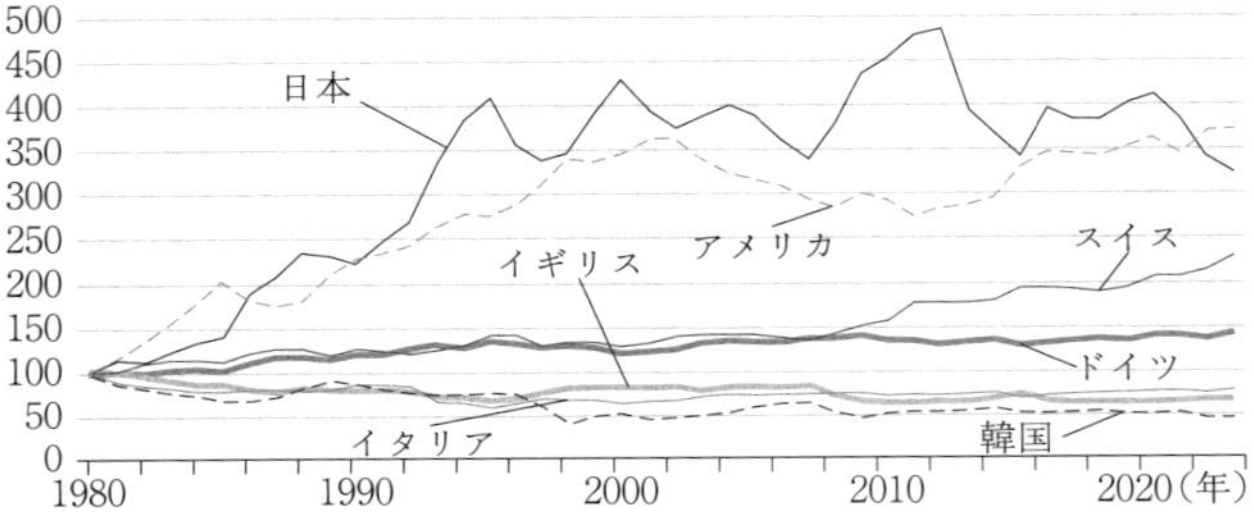

（注）韓国の実効為替レートのデータはないので対米レートを指数化した。

図2-18　名目実効為替レート（1990年=100）

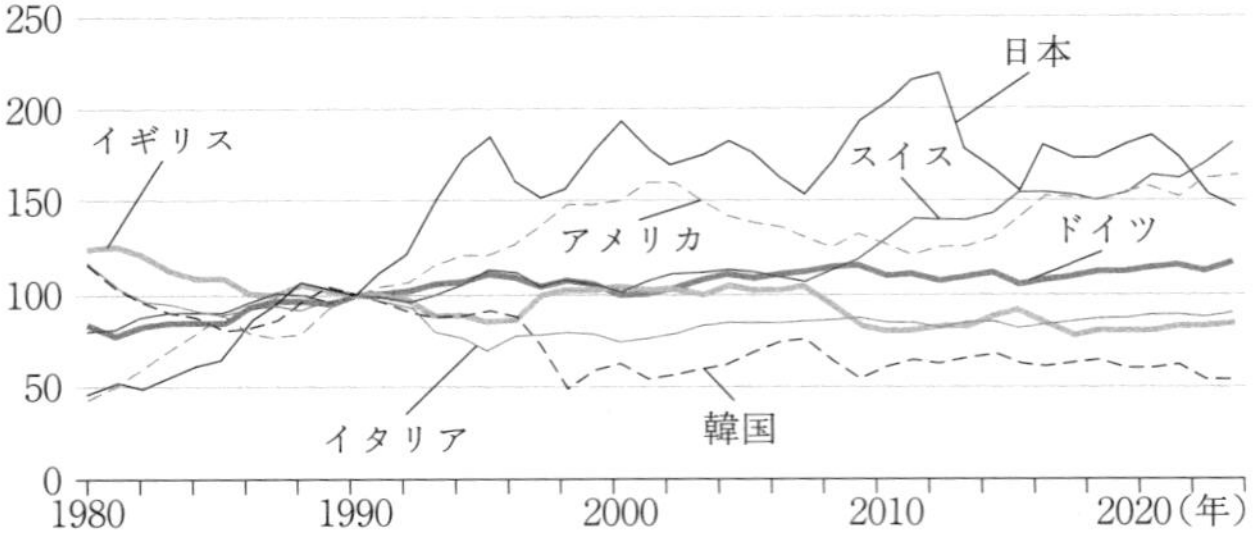

（注）韓国の実効為替レートのデータはないので対米レートを指数化した。

図2-19　実質実効為替レート（1980年=100）

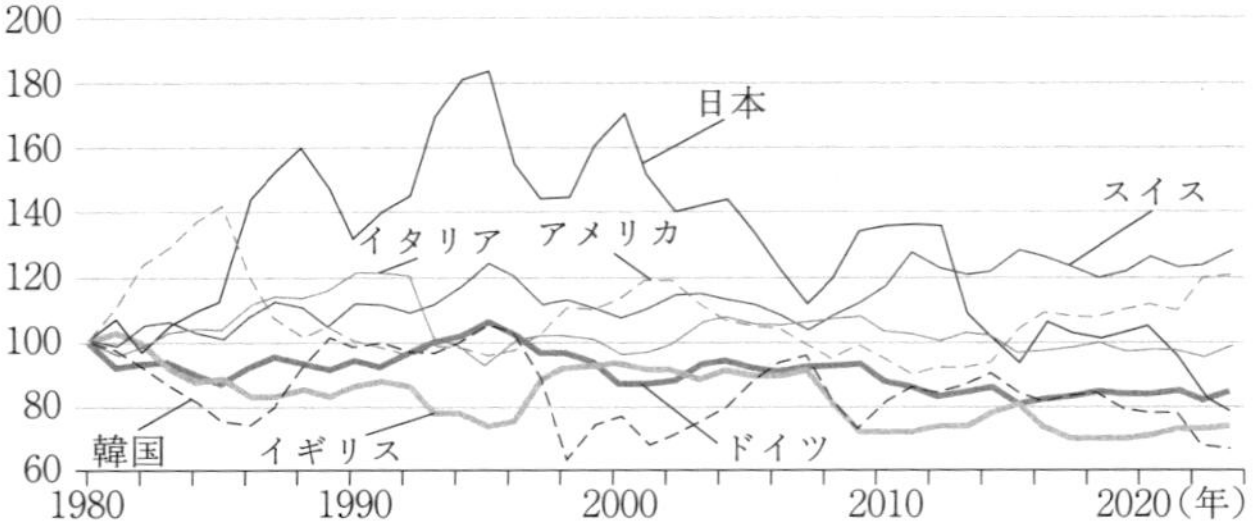

（出所）図2-17、18、19いずれもIMF, International Finacial Statistics
（注）韓国の実質実効為替レートのデータはないので対米レートを両国の消費者物価指数で実質化した上で指数化した。

な金融緩和後の名目レートの安定とともに実質レートも安定した（2020年以降では下落している）。アメリカは安定していたが直近、上昇している。スイスは、日本が安定したなかで上昇している。日本の為替レートが安定しているということは、円高というデフレ圧力が払拭されたのである。つまりは、うまくいっているのである。

前掲図の中のいくつかの国の経済成果についてコメントしておこう。ドイツの為替レートは90年代中頃まで上昇していたが、その後は安定している。ドイツ・マルクは上昇傾向を持つ通貨だった。ところが、1999年ユーロの発足によりドイツの通貨はユーロとなり、安定した通貨となった。通貨の安定とともに、ドイツの成長率も安定し、2023年の1人当たり購買力平価GDPは日本が5・3万ドルにすぎないのに7・1万ドルと日本の1・34倍である。韓国の通貨は、名目で見ても実質で見ても安定または低下気味である。この中で成長が続き、2018年には1人当たり購買力平価GDPで日本を追い越し、2023年では6・3万ドルとなっている（GDPの値は、International Monetary Fund, World Economic Outlook Database, October 2024による）。

†スイスは自国通貨高でも豊かになれた？

スイスは名目でも実質でも自国通貨高になっている。にもかかわらず、スイスは日本よりずっと豊かである。日本もスイスのような国になぜなれないのかという疑問があるかもしれない。

その理由は、第1に、スイスも自国通貨スイスフラン高のトレンドを持っているが、日本のように大きなトレンドをもったことはないことだ。第2には、日本のように大きく変動したこともない。これらによって、スイスは自国通貨の上昇や変動に対する準備ができた。

第3に、スイスは常に人手不足経済の中で自国通貨高を経験した。通貨が上昇してコスト高になれば海外に生産拠点を移していった。さらには、海外の企業を買収して自国の人材を派遣するようになった。

人口864万のスイスには、グレンコア（エネルギー）、ネスレ（食品）、ロシュ（薬品）、ノバルティス（薬品）、スイス・リー（再保険）、ABB（重電、重工業、産業用ロボット）、UBS（金融）、チューリッヒ保険などフォーチュン500（2024年）の世界的大企業が14社もある。アメリカは124社、日本は47社で、人口当たりにするとスイスは64万人に1社、日本は265万人に1社となる。

なぜそうなったかと言えば、まず、スイス人はマルチリンガルで、他国で働くことのハンディが少ない。スイスの大学生で英語の話せない学生はいない。そのような人々が世界に散って経営力を身につけた。

日本はまず学生の語学力が低い。円安がダメだという大学の先生には、まず学生の英語能力を上げて欲しい。

さらにスイスでは国内の競争がある。日本には、323社（内資285社、外資38社）の製薬企業がある。さらに、調査対象の製薬企業にもかかわらず厚生労働省の調査に回答しない企業が114社もある（「医薬品・医療機器産業実態調査」2020年）。これほど企業数が多いのは、厚労省の護送船団行政のゆえだろう。

国内で競争していない企業が世界で活躍できるはずがない。多少の円高でも大丈夫にするには、人材の質を上げ、日本国内での競争を強化するしかない。それなしで円高にするのは、生産性を無視して無理やりに賃金を上げるようなものだ（以上は原田2023・5・3による）。

9　人口減少だからデフレになるという議論の誤り

本書を通じて、長期的に物価にもっとも影響を与えるのは金融政策であると論じているのだが、それを否定する議論は根強い。そのような議論としてデフレは人口減少によって起きるという議論についてのべる。

まず、デフレの人口理論から説明する。人口がすべてを決定するという議論が根強い。人口が減少するから需要が伸びない、需要が伸びないから投資ができない、投資ができないから成長できない等と多くの人々が言う。

しかし、人口は減少するにしろ増加するにしろ、プラス・マイナス1％程度でしか動かない。成長しようと思っている企業が、「これから毎年1％ずつ成長して100年後には売り上げを2・7倍にするぞ（複利計算すると100年後には2倍ではなく2・7倍になる）」なんて考えはしない。売り上げ10億円のやる気のある企業なら「5年後に100億円にするぞ」、100億円の企業なら「5年後に1000億円の売り上げを目指すぞ」と考えるものだろう。1％はわずかなものでしかない。

人口決定論が盛んなのは、人口減少を反転するのが難しく、それが誰の責任なのかもよくわからないから、うまくいかないことの理由にするのに便利だからだろうと筆者は思う。多くの人口決定論は誤りである。そのうち、データで明確に分析できる、「人口が減少するからデフレになる」という議論について考えてみたい。

人口が減少するから経済が低迷し、物価も上がらないという説は、藻谷（2010）が発端だと思うが、データによる説明は、日本の人口もしくは生産年齢人口の減少と経済成長率の低下もしくはデフレのタイミングが合っているというだけである。

もう少しデータの裏付けが欲しいと考えると、先進国の物価上昇率と人口増加率の関係が言及されることが多い(たとえば白川2012、図表14)。

私が同じ図を作ってみると図2-20のようになる(2000年から2010年までのデータ)。ただし、白川論文の本文では人口と書いてあるが、論文の図表14には生産年齢人口、また、物価については、多くの国で目標となっている消費者物価指数ではなくGDPデフレーターになっている。

先進国24カ国で、人口、生産年齢人口、GDPデフレーター、物価指数を組み合わせて相関を取ってみると、一番素直な人口と消費者物価上昇率の組み合わせが、一番相関関係が弱く、生産年齢人口とGDPデフレーターの組み合わせが一番相関関係が強くなる。

要するに、図表を作った日銀のスタッフが、上司の望む関係が一番うまく表れる組み合わせを忖度して選んだのだろう。官僚が忖度するのは、政治家に対してばかりでなく、上司にもである。

もちろん、素直な組み合わせで関係を見ても、弱いながらも統計的な相関関係がある。しかし、この相関関係は日本とアイスランドの存在から生まれている。図から日本とアイスランドを除外して見れば、相関関係がないと直感的に明らかだが、念のために決定係数

（R^2、説明変数［人口増加率］が被説明変数［物価上昇率］をどれほどよく説明しているかを示す係数。0から1の間を取り、1に近いほどよく説明していることになる）を計算しておくと0・077となって相関関係は消える。

日本のインフレ率がなぜ低いかといえば、日銀がデフレ的な金融政策を行ってきたからである。アイスランドはたしかに高所得の先進国であるが、人口約35万の小国である。この脆弱な相関関係によって、人口減少がデフレの要因というべきではないだろう。

†ギリシャは財政緊縮でデフレと人口減になった

2010年から23年まで同じ関係を描いてみると図2-21のようになる。日本は2013年以降の大胆な金融緩和政策、QQEが功を奏してデフレからは脱却している。代わりにこの相関関係を生み出しているのはギリシャと同じくアイスランドである。ギリシャは、リーマンショック後の欧州債務危機に対応できず、財政赤字を削減するために極端な緊縮政策を行った。その結果、失業率が27・5%に上昇、実質GDPが26・8%落ち込むなど1930年代の大恐慌並みの大不況とデフレに陥った（この顛末は、原田2024、第4章第5節にある）。不況で仕事がなくなった結果、人口が他のEU諸国に流出し、人口が減少した（ギリシャの人口増加率は、2000〜10年は年0・3%だったが、

図2-20　人口と物価の関係（2000-2010年）

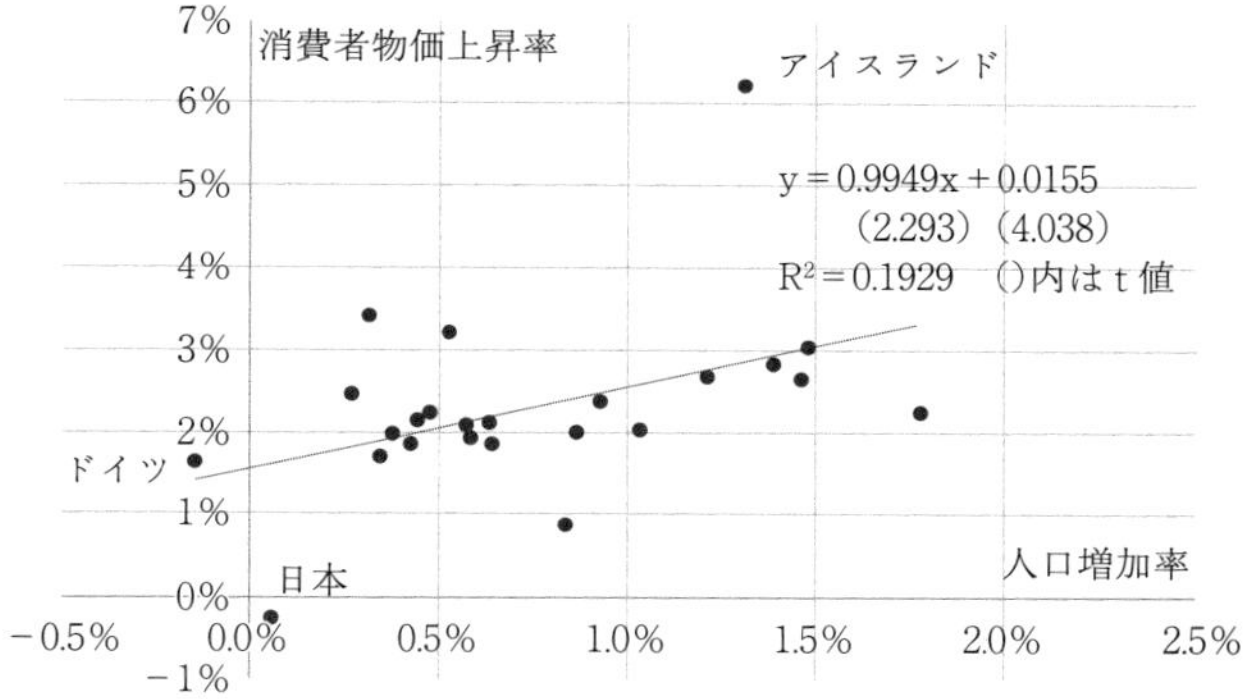

図2-21　人口と物価の関係（2010-2023年）

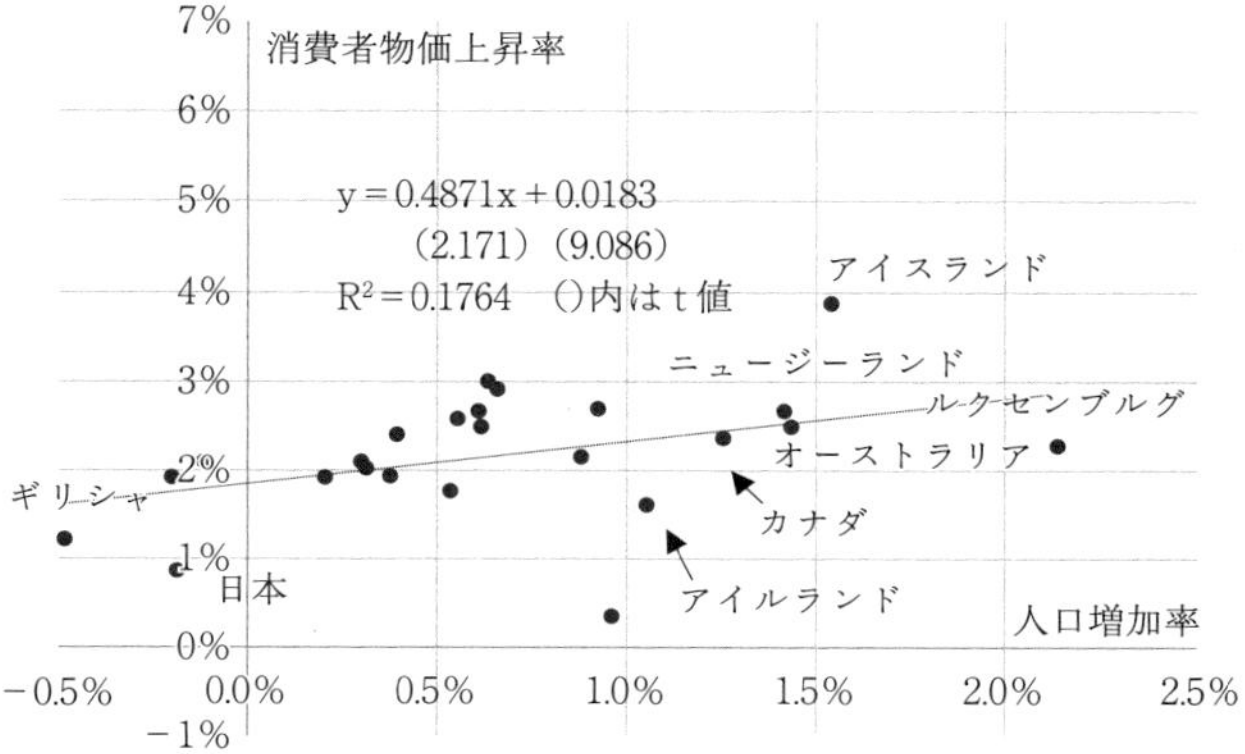

（出所）IMF, World Economic Outlook Database, April 2024
（注）白川（2012）図表14の注に従い、1990年代までにOECDに加盟した高所得国、米、英、仏、独、伊、加、スペイン、ポルトガル、オランダ、ベルギー、ルクセンブルグ、スウェーデン、デンマーク、ノルウェー、アイスランド、アイルランド、スイス、オーストリア、ギリシャ、日、フィンランド、豪、ニュージーランド、韓の24カ国を選んだ。

2010〜23年ではマイナス0・5%となった)。

つまり、極端な財政緊縮による不況でデフレとなり、不況で人口が減少したがゆえに、人口減少とデフレが同時に進行したのである。人口減少がデフレを生み出すという因果関係ではない。この図からギリシャとアイスランドを除外して決定係数(R^2)を計算すると0・055となり相関は消える。

アイスランドについても解説しておくと、人口約35万の国ながら、リーマンショックまでは金融業が発展していた。しかし、2008年リーマンショックの後、銀行が債務不履行となり国家的な危機を迎え、自国通貨が暴落した。しかし、これが漁業やアルミニウムなどの輸出拡大をもたらし、景気が回復した。為替下落によりインフレ率も高まった。

要するに、人口減少がデフレの原因だという議論は誤りである。日本がデフレから脱却したのは大胆な金融緩和によるものであり、アイスランドの物価上昇も為替下落がきっかけとなっている。

以上の二つの図でより注目していただきたいのは消費者物価上昇率が2〜3%の間で収斂しているという事実である。これは多くの国で2%インフレ目標を設定しており、かつ、それが実現しているという証拠である。金融政策によって物価目標2%が達成されるなかで、人口は物価とはかかわりのない要因で動いているということである。各国の人口についてコメントしておくと、アメリカ、カナダ、オーストラリア、ニュージーランド、アイスランドのように人口希薄で移民を受け入れている国の人口増加率が高いことがわかる。ルクセンブルグは、税制の有利さなどによって人をひきつけているのだろう。

では、物価はなんで決まるのだろうか。それは本書が繰り返し述べているように、マネーで決まる。マネーの成長率を横軸に、物価の上昇率を縦軸に取ると、図2-22のように、右上がりの近似線がひける（ローマー2010、第10章、562頁にも同様の図がある。図10・1）。

10　賃金デフレ論は未完成の理論

最後に、物価は賃金で決まり、貨幣では決まらないという議論について考えよう。これは理論的な主張と言えるだろう。個々の物価はコストを考えた企業の価格設定行動で決まり、コストのもっとも重要なものは賃金なのだから、物価は賃金で決まると考えてもよい。しかし、賃金がどのように決まるかを説明しなければモデルは完成しない。「名目賃金は「デフレ期待」によって下がったのではない。1990年代後半、大企業を中心に、高度成長期に確立された旧来の雇用システムが崩壊したことにより、名目賃金は下がり始めた

図2-22　マネー（M3）と物価の関係

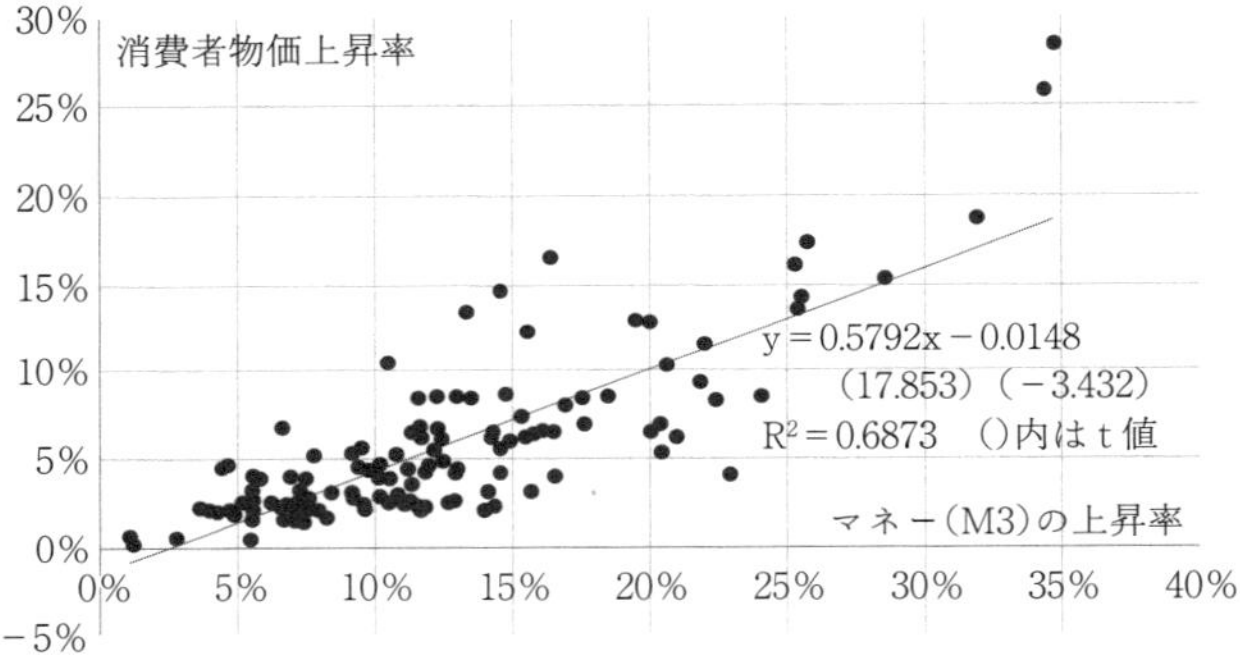

（出所）World Bank, DataBank. OECD data explorer.
（注）原則として2000年から2022年のデータをM3と消費者物価指数について取れる国を選んだ。

のである。そして、名目賃金の低下がデフレを定着させた」（吉川2013、212頁）という議論がある。

しかし、ノーベル経済学賞受賞の故ジョン・ヒックス・オックスフォード大学教授は、インフレについて、当時（1970年代）のイギリスの強力な労働組合を前提にして「インフレ率の増加は、労働組合がより「攻撃的」となったことによるといわなければならない。……しかし、……労働者がその要求を主張する理由があるからといって、要求が認められる条件があることにはならない。……雇主が賃金上昇を……認める意思があることも説明されなくてはならない。雇主が賃金上昇を認めるときには、このコストの増加を償うよう販売価格をすぐに引き上げることが確実に予想されなければならない。……企業が将来、価格を引き上げうることに自信がある理由は、過去において価格を引き上げることに慣れているからである。……（なんらかの意味における）貨幣的安定が維持され、その持続に人々が信頼をもつほど十分長く維持された世界では、何か貨幣数量をかなり規則的な仕方で変化させる……ことでこの状況に順応す……べきであるということを受け入れることができる」（ヒックス1985、141〜145頁。原著1977年）と書いている。

要するに、賃金を労働組合（あるいは、企業）が決めるとしても、労働組合が高すぎる賃金を決めれば、企業は価格を上げなければならない。上げることができるのは、価格の上昇が続いているときである。この状況に応じて貨幣数量を安定的に増加させれば、賃金と物価は安定的に上昇していくことになる。たしかに、このメカニズムを最初に作動させるのは労働組合で、最初の変数は賃金なのだが、貨幣数量が安定的に増加しないかぎり、物価の上昇は続かない。すなわち、究極的に物価を決めるのは貨幣数量で、それをコントロールする中央銀行ということになる。

ヒックスはインフレと労働組合について述べたのだが、デフレと企業についても適応できる。まず、企業は持続的に労働者に対して「攻撃的」になり、賃金を引き下げ続けなければデフレは持続しない。賃金の引き下げを企業が決定し、それを労働者が受け入れるのは物価が下落しているときである。しかし、物価が継続的に下落し続けるためには金融政策の助けが必要である。究極的に物価を決めるのは金融政策である。

第2章のまとめ

本章では、金融政策は何を目的とするべきかという問いから始めて、その目的を達成する上での問題点を整理し、現実の金融政策を辿った。その結果、量的緩和などの金融政策は金利がゼロになった後でも有効であり、効果を発揮するための起点として予想物価が重要であり、予想物価の上昇によって生まれる実質利子率の低下等が、為替や株価などの資産価格を動かし、貸出とマネーを増加させ、経済全般を刺激することを示した。また、金利がゼロになったのは、過去のデフレ的な金融政策がもたらした物価の低迷によるものであり、これが金融政策運営を難しくしたことも明らかにした。

また、金融政策で経済を安定的にする以上の高圧経済政策の可能性についても議論した。少なくとも日本の場合、高圧経済政策を行う余地が大きいことも明らかにした。また、2021年以降のアメリカのインフレを高圧経済政策の失敗とする議論もあるが、実体経済の改善を見れば、必ずしもそうとは言い切れないことも示した。

後半では、為替レートについての考え方、人口デフレ理論、賃金デフレ理論など、金融政策についての謬説について解説した。

第3章

異次元緩和の副作用

——銀行経営と中央銀行の財務問題

これまで見てきたように、異次元金融緩和政策と物価目標政策は、雇用を中心として経済活動を活発化した。これは異次元緩和を2％物価目標を政策の枠組みの中で行っているからである。すなわち、物価が目標の2％に到達する見込みに達したときに初めて金融引き締めに転じる、という政策指針を採用することによって、思わぬことで金融引き締め政策に転ずることはないという安心感を経済に与えているからである。また、これは2％を大きく上回るようなインフレの歯止めともなっている。

しかし、日本では金融緩和には副作用があるという主張が根強い。それらは、民間銀行、中央銀行への副作用、市場の流動性低下、金融市場の不均衡などに加えて、最近では円安の進展を副作用であるとする主張がある。これらは、いずれも、物価目標の達成前であっても金融引き締めを実施すべき、という主張につながる。しかし、物価目標の達成前に引き締めを実施すれば経済が不安定になる可能性が高い。本章ではこれらの論点整理を行う。

1　金融緩和の副作用論

†金融市場の流動性低下

金融政策の目的は、第2章第1節で述べたように、市場金利を、経済を不況にも過熱状態にもさせない中立金利に近づけることである（もちろん、中立金利を知ることは難しい）。しかし、現実の市場金利は様々な要因で中立金利から乖離する。そこで金融政策は中立金利を目指して市場に介入しなくてはならない。金融政策とは、そもそも市場に介入することである。中央銀行が債券を売買することが市場を歪めるというのは、中央銀行は金融政策をするなと主張しているのと変わらない。

中央銀行が市場を歪ませるとは、本来マーケットで決まるものを無理やり引き下げていることを示すらしい。しかし、マーケットで決まる金利が正しい中立金利である保証はない。日本銀行が国債の買い入れをしなければ金利は上昇する。結果は、不況である。不況になれば、お金を借りる人が減って金利は下がる。物価も下がるから、金利はさらに下がる。現在の日本の名目の低金利は、1990年代のバブル崩壊以来、日銀が十分な緩和をしなかったがゆえに生じた。バブル崩壊後に大胆な金融緩和をすぐしていれば、不況はマイルドなものに収まり、物価も下落せず、名目金利はより高い水準に収まっていただろう。

さて、金融政策とは金融市場で金融資産を売買することであるから、この点は伝統的な金融政策でも、異次元緩和のような非伝統的な金融政策でも同じである。しかし、伝統的な金融政策で売買される資産は主に短期金融市場での翌日物など残存期間の短いものがほとんどなのに対して、非伝統的な金融政策では残存期間が長い長期債が購入対象となる。さらには国債市場に限らず、株式市場でのETFや、不動産市場でのJ-REITも購入される。異次元緩和で日本銀行が購入した資産は、国債であれば満期まで保有することが想定されているし、ETFやJ-REITについても相当期間にわたる保有が想定されている。すると、国債などの金融商品の市場での流通量が減少し、取引量が低迷し、売却したいときの売却が困難となる。このような状態は流動性の低下として認識され、市場による自由な価格形成ができていないため、市場による最適な資源配分ができないとされる。

このため、中央銀行の大規模な金融緩和による流動性の低下は市場を歪めるので望ましくない、というのが流動性の低下による副作用ということである。たとえば、山本(2024)第3章では、インド準備銀行の元総裁であるラジャン教授による「量的緩和政策は、実体経済への効果に疑問があるうえに、(社債等の)クレジット市場や資産価格、流動性にゆがみをもたらしている」との批判を引用している(ラジャン2024、75～79頁)。

まず、金融市場の流動性が低下しているか否かを金利機能の低下という視点でみていく。

†異次元緩和により短期市場で流動性が低下しているのか

図3-1は無担保コール市場残高の推移を見たものである。市場残高の減少は市場参加

図3-1　短期金融市場の推移

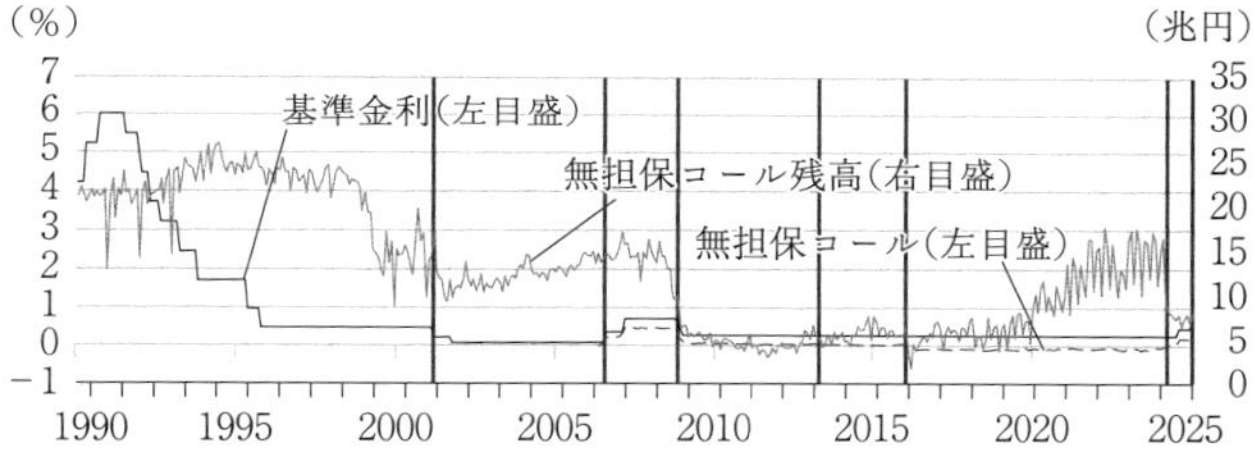

（出所）日本銀行「期間別の無担保コール市場残高」、上田八木短資株式会社「無担保コール期間別市場残高」
縦線部は、①量的緩和政策の2001年3月、②2006年3月、③付利の2008年10月、④異次元緩和は2013年4月、⑤2016年1月のマイナス金利政策の時点である。データは2025年1月まで。

者が売却したいタイミングと価格での売却が困難となるので、市場の流動性が低下していることを示す。これと量的緩和、金利、付利との関係はどうなっているだろうか。図には、縦線で、①量的緩和政策を開始した2001年3月、②解除した2006年3月、③付利を導入した2008年10月、④異次元緩和を開始した2013年4月、⑤マイナス金利政策を導入した2016年1月を示している。たしかに、量的緩和政策の導入後、市場残高は低下しているが、2002年以降には増加している。付利は、インターバンク市場での取引が極端に細らないようにするためとして2008年10月に導入され、その後、現在まで続いている（付利については第2章第3節参照）。付利を導入しても市場残高は高まっていないが、2008年の減少はリーマンショックによるものだろう。異次元緩和は2013年から導入されたが、その後取引残高は順調に伸びている。2016年1月のマイナス金利政策によって取引残高が減少したようにも見えるが、すぐに回復している。2020年以降、無担保コール市場での市場残高は増加している。これは利上げを見越して無担保コール取引が活発化している可能性が高い。

要するに緩和的な金融政策によって短期金融市場の流動性が低下するということは起きていない。

†長期市場で金利機能が低下しているのか

大量の国債購入やイールドカーブ・コントロール（YCC）のもたらす歪みとして、金利機能の低下批判がある。木内（2023）は、YCCの致命的な欠陥として、景気拡大期に金利上昇を抑えるために国債を買い入れる必要がある点を指摘している。YCCは金利を固定するものであるから、景気過熱のシグナルを読み誤り、過度のインフレを招くという。しかし、金利を固定していても、景気が回復すれば金利上昇圧力が高まり、それは中央銀行にも認知できる。実際、YCCは2022年10月以降、運用の柔軟化がはかられており、徐々に金利が上昇している。2022年以降、海外の金利上昇につれて日本の金利も上昇している。また、その後の日本の経済動向が低迷して物価上昇圧力が低下していることからしても、YCCの金利変動幅拡大を開始した2022年10月の時点で景気の過熱を見過ごした、ということにはならない。むしろ、過去に何度も失敗したような早すぎる引き締めこそが、名目の金利を低下させることになる（本章第2節「金利と物価のダイナミズム」参照）。景気過熱のシグナルを読み誤ったかどうかは、後にならなければ判断できないが、シグナルは伝わっているのである。

†金融の不均衡とバブル

前述のとおり、非伝統的な金融政策では長期国債だけでなくETFやJ－REITなども購入するため、リスク・プレミアムの低下を通じて株価や不動産価格が大きく上昇し、社債価格が上昇して国債金利とのスプレッドが縮小する。このように資産価格がファンダメンタルズよりも大きく乖離して急激に上昇することがある。その後、資産価格が急落すれば、金融システム不安が生じる、という批判がある。

また、金融機関は金融資産への投資だけでなく、金融緩和による金利低下、長短金利差の縮小を受けて、収益を上げるためによりリスクの高い金融商品への投資だけでなく、リスクの高い貸出を行う可能性が高まる。このように金融機関が過度にリスクを取った場合、景気後退期に入ったときに金融機関の収益が大きく押し下げられることになる。このように金融機関が過度にリスクを取って金融に不均衡、行き過ぎが生じることを懸念するのが金融の不均衡を重視する副作用論である。しかし、金融機関においては、過度にリスクを取らないことが自らの利益であり、金融緩和をすれば金融機関がリスクを取るという議論は奇妙である（金融政策と金融機関経営については次節で詳細に議論する）。さらに企業の借り入れ需要がないので金融政策の効果がないという議論（例えば、鈴木2012、126―133頁参照）とも矛盾する。

日本では1980年代後半の金融緩和を受けて銀行が不動産への融資を大幅に拡大し、企業や家計も株式への投資を進めたことから、1980年代末までの株価の急上昇、その後の急落を招いた。このバブル崩壊の後処理に2000年代初までかかった反省やその時の経験から、日本では金融の不均衡に対する警戒感が非常に強いと思われる。

金融緩和によって、このように金融機関がリスクを取りすぎる可能性はあるかもしれないが、金融引き締めでなくとも、銀行規制、モニタリング、自己資本比率規制の強化、カウンターシクリカル・バッファー（金融市場において信用供与が過剰で過度の景気変動を起こす恐れのある場合、自己資本の積み増しを求める制度。イギリス、北欧諸国などで導入されている）など、金融機関の過度なリスクテイクを抑制する方法はいくらでもある（小立2018参照）。

†円安の副作用論

さらに副作用論として過度の円安論がある。山本(2024、4頁)は2024年7月に1ドル161円台後半までの円安が進展してきたことを指摘した上で「これらすべてが日銀のせいというわけではないが、異次元緩和が果たした役割は大きい」と主張している。これは、日本銀行が過度の金融緩和を続けているために、過度の円安になりそれが輸入物価の上昇から物価全般の上昇を招き、国民生活を苦しめ、また、実質消費を引き下げることで、景気拡大をも妨げているという主張である。だから、2%の物価目標が達成できなくても金融引き締めによって円安を是正しようという考えである(円レートの動きについては、第2章の図2-17~19にある)。

「日本銀行展望レポート2016年1月(BOX4)為替相場が消費者物価に及ぼす影響」によると、為替レートが、消費者物価上昇率に与える直接の影響は0・1、需給ギャップの改善やインフレ予想の変化などすべての影響を考慮すると影響は0・3(日銀レポートの図②総合[除く生鮮食品・エネルギー]から判断した値)である。この係数の意味は、物価が前年比、為替レートが四半期の前期比で定義されているので、為替レートが前年比で40%上昇すると前年比の消費者物価上昇率を1%、または3%動かすということである。

名目実効為替レートは、2023年から24年7月にかけて10%以上下落し、その後、10%上昇して2023年のレベルに戻った。すなわち、為替レートの変動が大きいことから、消費者物価上昇率を1%程度は動かすことになる。しかし、だからと言って、為替レートを目標に金融政策を行うのは難しい。なぜなら、0・1や0・3という係数がどれだけ確かなものかはわからず、為替レートの変動を日本の金融政策によってどれだけ安定させることができるかもわからないからである。

これらすべての場合において、十分に経済・物価が回復する前に金利を引き上げれば、債券価格と株価の下落、円高となって企業収益が悪化するだけでなく、企業倒産が増えて貸し倒れコストが増大し、金融機関に大きな打撃となる。金利を引き上げて不況になれば、結局景気を回復させるために、日銀が金利を下げるしかなくなり、利上げは元の木阿弥となろう。つまり、早すぎる金利引き上げこそが名目金利の低下を招くのである。

†岩石理論の誤り

以上、個別項目ごとに副作用論を見てきたが、横断的な副作用論もある。それは、いずれ、ある時、突然に、ハイパーインフレになる、金利が暴騰する、円が暴落する、あるいは金融緩和の出口で日銀バランスシートの毀損など大変なことが起きる。だからこれ以上の緩和はすべきではないというのである。これらの議論の特徴は、今は何も起きていない、あるいは、仮によいことが起きているとしても、あるとき、突然、思わぬ災厄が生じるので、金融は緩和しない方がよいという理屈になっていることである。

このような議論を筆者は故岡田靖氏（クレディスイス証券会社チーフエコノミスト）に倣い、批判的な意味を込めて「岩石理論」と呼んでいる。岩石理論とは、坂に大きな岩があって、邪魔だから動かそうとすると動かないが、一度転がり出したら止まらない。だから岩は動かさない方がよいのだという議論である。金融緩和政策に話を戻すと、マネーを増やしても物価は上がらないが、ある閾値を超えるとハイパーインフレになる。だから、マネーを増やさない方がよい。しかし、閾値がどこにあるかわからないという議論になる。

だが、筆者は、金融政策が効果を発揮するまでには長く複雑なラグがあるが、効果は少しずつ表れると考えている。もちろん、金融緩和政策の副作用がかなり短い時間に表れる可能性を否定しているわけではない。しかし、本章の以下の節でも見るように、岩石理論論者の理論的根拠、実証的根拠を検討し、金融政策の効果はどのように表れてくるかを明らかにすると、そのようなことは起きないという結論が得られる（さらに詳しくは、原田・片岡・吉松２０１６も参照）。

長期のデフレと低金利は、過去の金融政策の結果であり、それを転換してデフレから脱却すれば、名目金利が上昇し、それに応じて利鞘の拡大もありうることである。ただし、民間非金融法人が全体として資金超過部門であることは変わらないであろうから、利鞘の上昇はそれほど期待できないだろう。そもそも、金融政策は経済全般に与える影響を考えて行うべきものである(これは第2章ですでに見た)。大事なのは、金融政策が経済全体に良好な効果を与えるかどうかであって、経済の一部門である金融機関経営にのみ着目するべきではない。

2 異次元緩和と銀行経営

異次元緩和は多くの成果をもたらしているのだが、銀行関係者からの緩和批判はやまない。銀行経営者は、異次元緩和の生み出した低金利によって銀行経営が苦しくなっており、これが副作用と主張する。銀行経営者は、民間銀行のビジネスモデルは、正の金利を前提として、高い長期金利と低い短期金利の差で利益を得るもので、異次元緩和は、それを否定するものだという。太田(2019)は、邦銀の時価総額の合計が中国の最大手銀行一行に抜かれたことを例とし、邦銀の時価総額低迷の要因を日銀の金融緩和にもとめている。「惨状の背景には、黒田が粘り強く続けると強調する強力な金融緩和がある。銀行は短期で資金調達して、融資や債券購入など長期運用によって利ザヤを稼ぐのが基本的なビジネスモデルだ。しかし日銀が短期金利をゼロ％近傍まで引き下げ、さらに緩和効果を高めるためと、長期金利まで引き下げる政策を取り始めたことから、銀行の短期調達・長期運用のビジネスモデルが持たなくなりつつある」（太田２０１９、19頁）。

しかし、これは、仕入れ価格と販売価格を決めてもらわなければ商売ができないと言っているのに等しい。だが、あらゆるビジネスは変動するコストと売り上げの差から利益を得るものだ。

銀行経営が苦しいのは、借りる人がいないからだ。マクロ的に見れば、日本の企業は十分すぎる現預金を持っているのだから、借りる必要はない。日本の企業は、２０２４年９月末で３５０兆円もの現預金を持っている（日本銀行「資金循環統計」２　金融資産・負債残高表、民間非金融法人企業）。資金需要に対して、供給が多すぎる。

金融緩和は銀行に様々な恩恵を与えている。金融緩和で資金需要が増大し貸出が増える。ただし、金利は貸出の伸び以上に低下する。日本銀行（2024・12・19、54頁）によれば、２０１３年以来の異次元緩和によって貸出残高は７００兆円から７２７兆円と27兆円増加したが、貸出利ザヤは１・０６％から０・９３％へと０・１３％ポイント低下した（引用文献ではグラフしか示されていない。以下の数字は日本銀行の事務局に問い合わせたもの）。これだけを見れば銀行が金融緩和に批判的なのは当然である。貸出が伸びても利ザヤの減少によって0・66兆円（727×0・0093－700×0・0106）の得られるべき利益を得られなかった。しかし、金融緩和で金利が低下すれば銀行保有の債券価格が上がる。債券だけでなく、株式の価格も上がり、金融緩和で円安となれば海外債券、株式の価格も上昇し、銀行の利益を押し上げる。

金融を引き締めれば逆のことが起きる。内外の債券価格と株価の下落である。また、景気の悪化で貸出先の経営状況が悪化し、貸し倒れコストが増大し、銀行は大きな打撃を受けるだろう。また、短期金利を上げてもイールド（長短金利差）が立つかどうかもわからない。金融市場が利上げ実施後の景気後退、その後の利下げを予想すれば長短スプレッドがむしろ縮小してしまう場合もある。2024年後半のアメリカでは長期金利が短期金利よりも低くなって逆ザヤすら発生している（後掲図3－7参照）。金利の引き上げが銀行経営を助けるとは限らない。

金融政策と銀行経営の関係を考えるためには銀行の利益構造を理解しておく必要がある。

†銀行の利益構造はどうなっているのか

図3－2で、まず日本銀行が集計している大手銀行の2007〜2022年度平均でみ

図３－２　大手行の純利益の構造（2007～2022年度の平均）

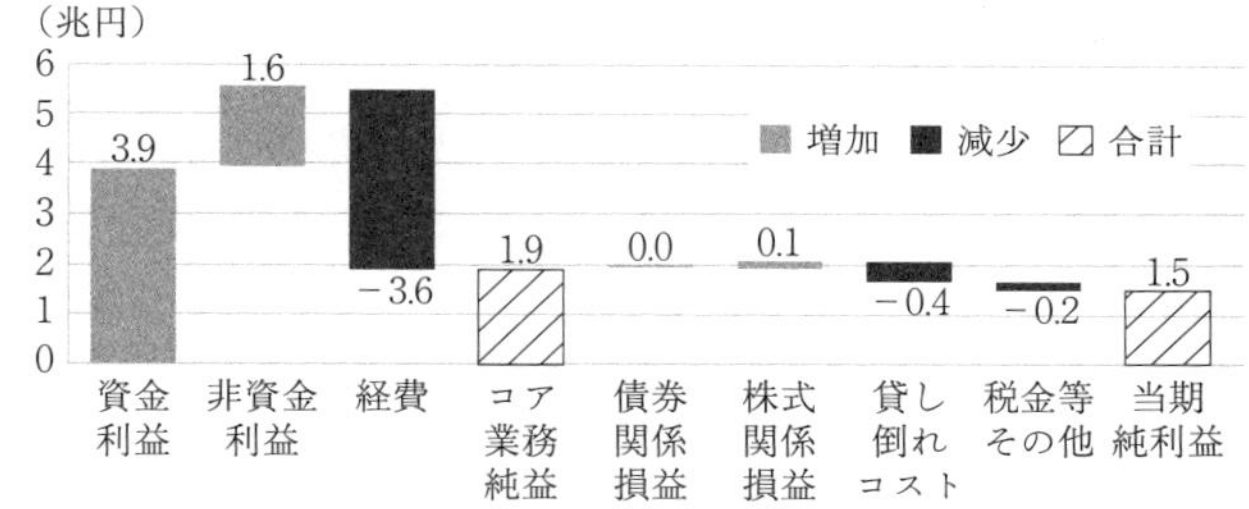

（出所）日本銀行「金融システムレポート別冊「銀行・信用金庫決算」」各年版

図３－３　大手行の資金利益と長短金利差

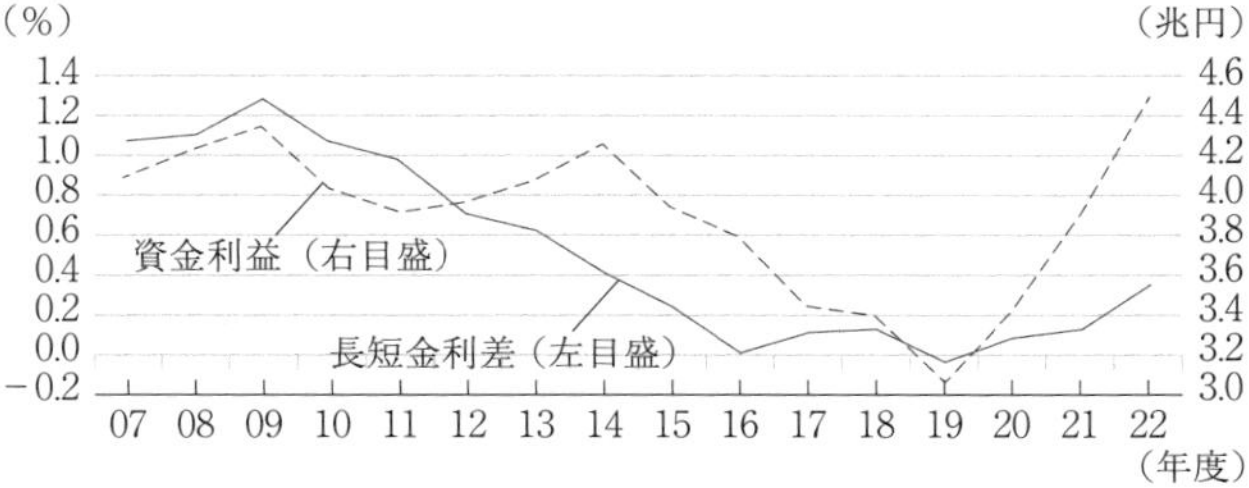

（出所）資金利益は図３－２参照。長短金利差は16年物国債金利（長期金利）と無担保コールレート（短期金利）との差。無担保コールレートは、日本銀行「無担保コールレート」、10年物国債金利は、財務省「金利情報」。

た純利益の構成がどうなっているかを確認しておこう。ここでの純利益は税引き後のものである。内訳をみると、資金利益が３・９兆円ほどある。これは預金を集めて貸出を実施して得た利益であり、純利益を最も押し上げている。貸出と預金との金利差が収益源である。次に大きい非資金利益は１・６兆円である。これは銀行が投資信託や年金などを販売した手数料など、金利以外の収益源である。また、経費が3・6兆円ある。これには人件費やシステム投資などが含まれている。これらが主な損益項目となり、コア業務純益と言われ、1・9兆円ある。それ以外には、債券・株式の有価証券投資の関係の損益がそれぞれ0・04兆円、0・1兆円である。貸し倒れコストは、銀行から借り入れた企業の倒産などで、銀行が回収不能となった場合の損失を示しており、マイナス0・8兆円であり押し下げ要因となっている。マイナス0・2兆円の税金等その他を除いたものが当期純利益1・5兆円である。

次に、図3－3で純利益の最大の押し上げ項目である資金利益の変動要因を見ておこう。資金利益は、短期金利に連動する預金金利と、長期金利に連動する貸出金利の差となる。2009年度以降は、長短金利差の縮小に応じて、資金利益が低下している。また、2021・2022年度には長短金利差が拡大に転じたことをきっかけに、資金利益は急激に拡大している。ここから、銀行が、長短金利差の拡大が利益になると主張することがよくわかる。

†大手銀行・地域銀行・信用金庫の利益推移

大手銀行、地域銀行、信用金庫およびそれらの合計の利益の推移を図3－4で確認して

図3-4　業態別の金融機関の収益の推移

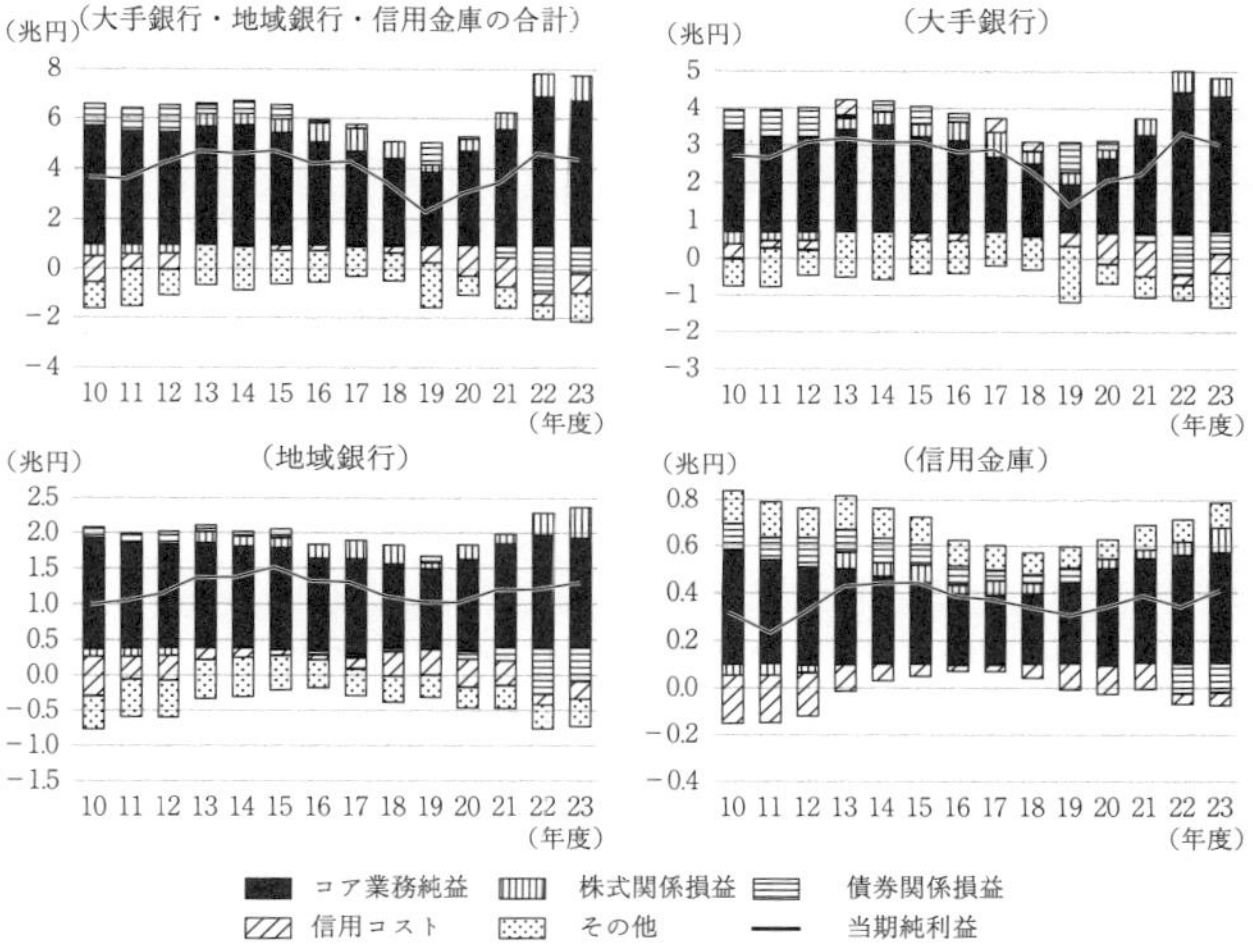

(出所) 日本銀行「金融システムレポート別冊「銀行・信用金庫決算」」各年版

おこう。大手銀行の当期純利益をみると、異次元緩和のなされた2013年度以降、低下気味ながら高いレベルの当期純利益が維持されていた。異次元緩和後の利益の増加は、貸し倒れコストの減少、株式関係利益の増加によるものだった。しかし、利益は、2018年度以降大きく低下し、その傾向がコロナ（COVID-19）ショックまで続いた。利益のうちのコア業務純益の低下を見て、長期金利が極端に低下しないように2016年9月にイールドカーブ・コントロール（YCC）を導入したが、その後も、長短金利差の縮小でコア業務純益が減少している。とこ

図3-5　2007～2022年度における大手行の純利益の各項目の変動の大きさ（標準偏差）

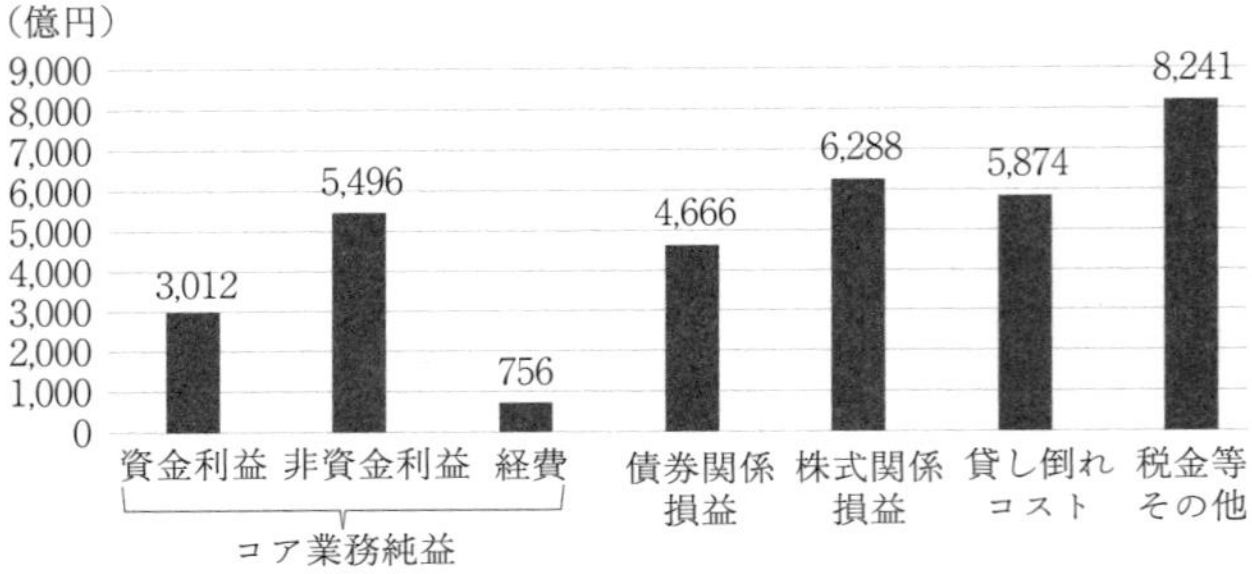

（出所）金融庁「銀行の決算の状況」、日本銀行「銀行決算の概要」および「金融システムレポート別冊「銀行・信用金庫決算」」各年版

ろが、2020年のコロナ禍により、企業の手元資金需要が増加することにより貸出残高が上昇、コロナ以後の景気拡大もあって、銀行の利益は回復した。ただし、コロナ以降、貸し倒れコストが増加し、コア業務純益の拡大を相殺して、もとの利益水準に戻っているだけである。

地域銀行、信用金庫においてもほぼ同じことが言える。

†銀行利益に対する各項目の影響

次に、大手行の純利益に対する各項目について、2007年度から2022年度の期間において、それぞれの項目の変動の大きさを標準偏差でみたのが図3-5である。変動が大きいのはコア業務純益外の債券・株式関係損益、貸し倒れコストである。コア業務純益に含まれる資金利益、非資金利益、経費の変動は小さい。つまりコア業務純益の各項目は先の図3－2にある通り、規模は大きく純利益の水準には大きな影響を与えるものの、純利益の変動に与える影響は小さい。

以上を要約すると、図3－2にある通り資金利益が銀行の利益の大きな部分を占めている。図3－3にある通り長短金利差が拡大すると、資金利益が増加する傾向があるため、銀行が長短金利差の維持・拡大を望むのは理解できる。しかし、図3－4、図3－5にある通り銀行の純利益は資金利益だけで決まるわけではない。図3－5にある通り純利益の変動要因としては、資金利益を含むコア業務純益の変動は小さく、債券・株式関係損益や貸し倒れコストの変動幅の方が大きい。長短金利差の拡大だけに注目して利上げを求めれば、不良債権の増加や株価の下落を通じて銀行の純利益を押し下げる公算が大きい。

時系列的に見ると、異次元緩和が始まった2013年以降、銀行の当期純利益は貸し倒れコストの減少、株式関係損益の上昇と債券関係損益の下落がほぼ相殺することでやや増加していた。しかし、コア業務純益（うち資金利益）の下落によって2017年以降、当期純利益も下落していった。2019年の当期純利益の下落はコロナショックによる貸し倒れコストの増大によるものであるが、その後回復したのは前述のように、多くの企業がショックに備えて手元資金を積むために銀行借り入れを求め、その過程で貸出金利の引き上げに成功したからである。しかし、一次的に手元資金を積むための貸出増加も金利の引き上げもコロナが終われば続かない。銀行が継続的に利益を得るには、日本全体の経済が活性化しなければならない。

†金融政策と長短金利差

経済状況を無視した金利の引き上げは長期的に金利を上げるかに疑問がある。短期金利の引き上げを受けて、長期金利がどのように変化するかは、経済・物価動向次第となる。日銀が短期金利を引き上げると、不況となって物価が下落する。すると長期的には日銀は、景気回復と物価引き上げのために短期金利を引き下げる。これでは短期金利を引き上げても長期金利が下がってしまう。市場がこうした動きを予想すれば、日銀が短期金利を引き上げても、それが一時的なものだとみなされて長期金利は上がらず、長短金利差は拡大しない。一方、日銀が短期金利を引き上げてなお経済活動が活発であれば物価はなかなか下がらずに、さらに短期金利を大幅に引き上げることになる。

つまり、経済・物価が十分に温まった状態で利上げすると、長期金利も上昇しうるが、景気がそれほどよくないのに利上げすると長期金利はさほど上昇しない。日本では、経済・物価が十分に温まる前に拙速に利上げ、その後の景気減速、利上げを繰り返してきたのである。銀行が長期的に収益が上げられるのは、2%の物価目標が安定的に達成できるほど、経済・物価が温まった状態から、金利の引き上げを開始することである。

実際にどうであったのかを見てみよう。図3-6は、短期金利（短期の政策金利である無担保コールレート（オーバーナイト物））、長期金利（10年国債利回り）、長短金利差の動きを見たものである。短期金利を引き上げた時がどうなったかを、2000年以降の日本で見てみよう。2000年8月11日のゼロ金利解除、つまり0%から0・25%への引き上げ後、短期金利の上昇に対して長期金利は一時的には上昇したもののすぐ低下してしまい、長短金利差は縮小した。2006年7月14日のゼロ金利解除、続く2007年2月21日の利上げ後には、むしろ長期金利は低下し、長短金利差は一段と縮小した（煩瑣になるので省略したがより詳細な説明は、原田2018・7・4、参照）。

アメリカの長短金利とその差を見たのが図3-7である。より最近の事例だけを挙げれば、米連邦準備制度理事会（FRB）が2022年3月以降、10会合連続で利上げを実施し、5・00〜5・25%とした。2022年3月の初回利上げ前には、政策金利が0・00〜0・25%であり、10年金利は2・2%と、短期金利を2%程度上回っていた。しかし、利上げ開始後も長期金利は上昇せずに2023年7月時点では政策金利5・00〜5・25%に対して、10年金利は3・9%にとどまっており、長短金利差はマイナス1・

図３－６　日本　短期金利、長期金利、長短金利差の推移

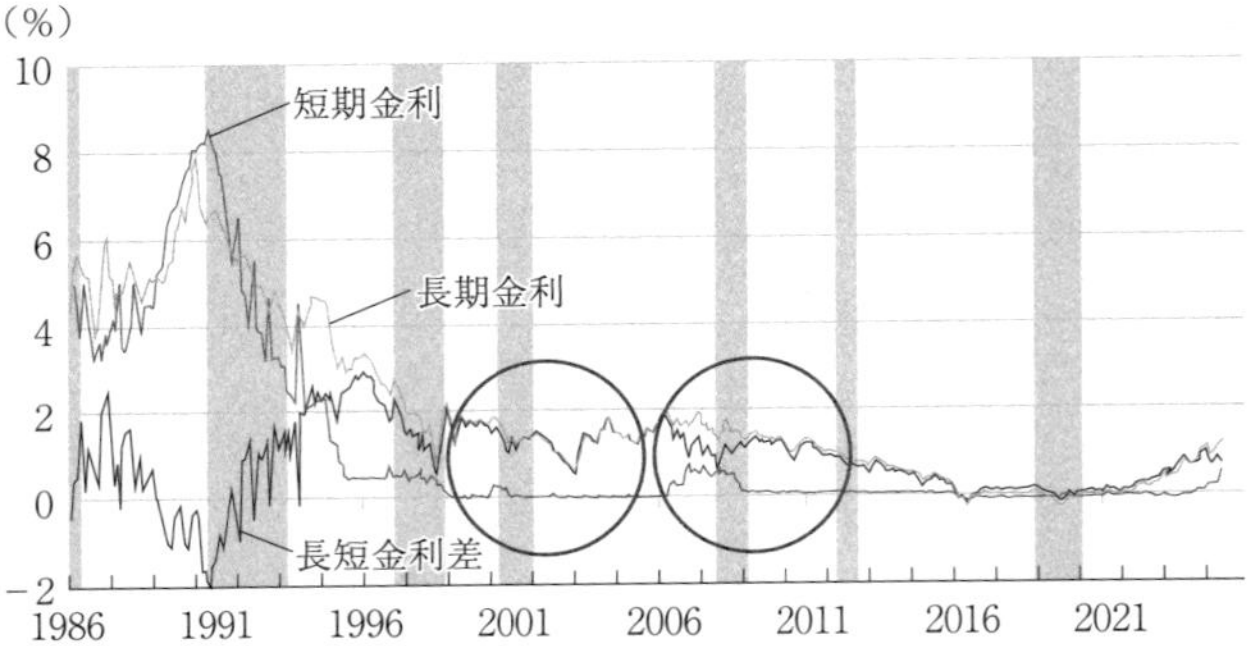

（出所）財務省「国債金利情報」、日本銀行「主要時系列統計データ表」
（注）短期金利は、日本銀行の「無担保コールレート・O／N　月末／金利」(FM02' STRECLUCON）の値。長期金利は、財務省の「国債金利情報」の10年金利の値を月次平均した値。2025年1月まで更新済み。

図３－７　アメリカ　短期金利、長期金利、長短金利差の推移

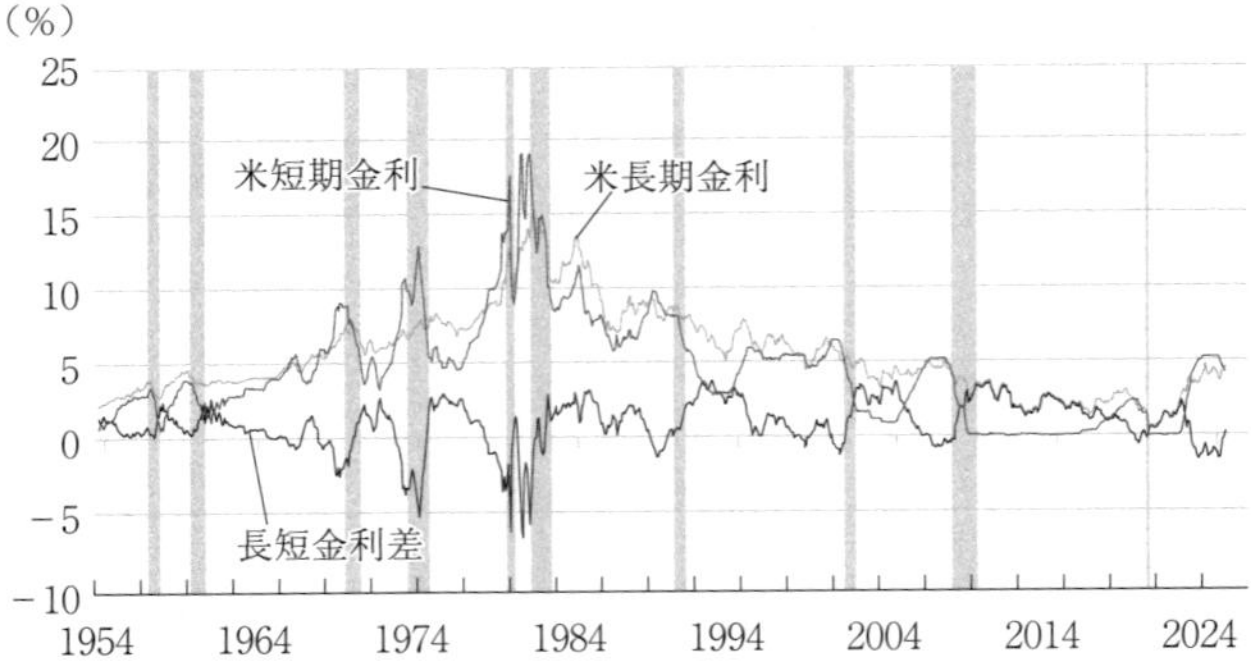

（出所）FRB, FRB H.15 Selected Interest Rates for Mar 20, 2024
（注）短期金利は “Federal funds effective rate” の値、長期金利は “Market yield on U.S. Treasury securities at 10-year constant maturity, quoted on an investment basis” の値である。2025年1月まで更新済み。

2%となっている。これはアメリカでは急激に利上げしたものの、一旦インフレが沈静化した後には景気後退に陥っている可能性が高く、利下げに転じるとみられているためである（実際に、アメリカでは2024年9月に利下げに転じた）。このため、短期の政策金利の引き上げは必ずしも長期金利の上昇、長短金利差の拡大、それによる銀行の資金利益の改善に結びつくとは限らない。

†金利と物価のダイナミズム

銀行経営者が、金利を上げれば長期金利も上がり、銀行経営が楽になると思うのは、長期的な金利と物価のダイナミズムを理解していないからだ。金利と物価のダイナミズムとは、金融を引き締めて景気が悪くなれば、借りたい人が減って金利が下がるとともに、デフレや景気悪化を防ぐために金利を下げる。両者が相まって金利がさらに下がる。景気悪化に対して、金利を下げれば景気がよくなって、物価が上がり、借入需要も伸び、金利が上がる。物価上昇や景気過熱を抑えるためにも金利の引き上げが必要になって金利がさらに上がる。すなわち、金利の引き上げが低金利を生み、金利の引き下げが高金利を生むというメカニズムである。景気回復が十分でない時に金利を上げれば、却って不況をもたらし金利を下げることになってしまう。すなわち、早すぎる金利の引き上げが低金利をもたらすのである。これはノーベル経済学受賞、シカゴ大学の故ミルトン・フリードマン教授が明らかにしたことであるが、なぜか日本では理解されていない（Friedman, 1968）、ただし、本書では、デフレが低金利をもたらすことを強調しているが、フリードマン教授は、インフレが高金利をもたらすことを強調している。また、気の利いた解説としてハーディング（2020）がある。

むしろ、中央銀行が、銀行経営に忖度することで異次元緩和が遅れ、かえって低金利状況を作り出してしまったのかもしれない。松山（2024）は、「2008年から2012年まで……［黒田総裁以前の］日銀は、金融政策がより大きな効果をもたらすための経路として……銀行の貸出を重視していた。……そのため日銀は、過度な低金利が［銀行の］金融仲介機能を低下させることを懸念して、緩和の拡大に消極的だった」と分析している。

3 金融政策と中央銀行財務への副作用

大規模な金融緩和による中央銀行のバランスシート拡大の副作用として、物価目標達成後の利上げによる中央銀行の財務悪化に伴う悪影響を懸念する議論がある。高田（201

7、99~113頁)、河村(2023、28~32頁)などは、債務超過による金融政策の遂行能力の低下、円安などの問題点を挙げている。

そもそも中央銀行は、本来利子を払う必要のないマネタリーベース(流通現金+日本銀行当座預金)で利子の得られる債券を購入できるのだから必ず利益を得ることができる(通貨発行益)。にもかかわらず、利上げに伴って中央銀行の財務が悪化するのは以下の理由による。量的緩和とは、中央銀行が大規模に長期国債を購入する(買いオペ)ことである。そのことによって長期金利が低下し、経済は刺激を受ける。その結果、景気が回復して物価が上昇すれば、中央銀行は国債を売却して(売りオペ)金利を引き上げなければならなくなる。金利が低い時に国債を購入して、金利が高い時に国債を売却するのだから、当然、損失がでる。金利が高い時には国債価格が低く、金利が低い時には国債価格が高くなっているからである。しかし、中央銀行はやがて金利の高い国債を買うことができるので、中銀の利益は徐々に回復してくる(これがどのような経路を取るかは本章第4節で説明)。

これまでの伝統的な金融政策では、購入する国債の量も限られ、かつ、短期の国債しか購入しないので、中央銀行が損失を出すことも、損失期間も抑えられていた。しかし、大規模緩和を行えば、中央銀行が損失を出す期間も、その額も大きくなる。

ここでは、国債の買いオペと売りオペで金利をコントロールするように説明したが、実際には、国債の売却は最小限にして、中央銀行が民間銀行の当座預金に金利を払うこと（付利）によって金利を引き上げると考えられている。国債の売りオペでは、金利の変動が大きくなり市場に無用の混乱を引き起こす可能性があるからである。FRBはすでにコロナ禍を受けた異次元緩和後に大幅な利上げを実施しているが、保有する国債の売りオペよりも当座預金に支払う付利金利の引き上げを重視している。

国債の売りオペでは売却損が出るが、付利では、低い金利の国債を保有しつつ、高い付利を支払うことによって損失が出る。当然、中央銀行の財務状況は悪化する。

†中央銀行の財務悪化が欧米のインフレ高進をもたらしたのか

この悪化に伴う影響に関する懸念や疑問について、日本銀行のレビュー（2023・12・12）がまとめている。そこでの議論を参考に中銀財務に関する懸念や疑問を、起こり得る時系列で5つの論点にまとめて整理する。

第1の論点は物価目標に照らせば利上げをすべきであるが、利上げによって中銀の財務が悪化することを見越して適切なタイミングで利上げが実施できずに物価上昇が加速するというものである（次項で説明する）。

第2は第1点と同様に利上げによって政府の発行する国債金利が上昇して政府の利払い

負担が重くなることに配慮して、物価安定のための利上げが遅れるのではないか、というものである（物価上昇による名目GDPの増加が金利の上昇と財政状況の改善の両方をもたらすことを第1章第12節で説明している）。本来、財政から独立すべき金融政策が財政政策に従属してしまうという意味で財政従属（フィスカル・ドミナンス）の状態とも言われる。コロナ後に大規模な金融緩和と同様、財政政策でも大規模に支出が拡大して政府債務残高が増加しているため、こうした懸念がもたれやすい環境にあるのはたしかであろう。

次に利上げ開始後に中銀で逆ザヤが発生することが第3の論点である（これはすでに説明済み）。

さらにそのように逆ザヤが発生して中央銀行で損失が発生することが懸念されて、その国の通貨が急激に下落する、との懸念が第4の論点である（本節第6項の「中銀財務の悪化と為替レート」で説明）。

最後は、中央銀行が債務超過状態となることを通じて中央銀行が適切な政策運営ができなくなる、というのが第5の論点である（これについては、中央銀行財務と物価と為替の関係を論じることで十分だろう）。

第2章第6節では、2022年以降の欧米のインフレ高進が高圧経済政策の失敗によるものであるかどうかを議論した。そこでの結論は、少なくともアメリカにおけるインフレの高進を高圧経済の失敗とは言えないだろうというものであった。なぜなら、金融財政両面からの高圧経済政策によって、不況以前のピーク時に戻るまでの期間が短く、過去の成長トレンドからの低下が見られないからであると結論付けた。では、2022年以降の欧米のインフレ高進が中央銀行の財務悪化を嫌って引き締め時期が遅れたからだと言えるだろうか。本節ではこれを考えてみたい。そのためには、各国の中央銀行の財務状況と金融引き締め時期を考えてみたい。

†アメリカ連邦準備制度理事会(FRB)の財務状況

まずはアメリカのケースである。図3-8に見るように、FRBは政策金利を2022年3月の利上げ開始以降、2023年7月までのわずか1年4カ月あまりの短期間に政策金利を0・00〜0・25%から5・25〜5・50%まで5%も急激に引き上げた。政策金利の引き上げによって利払い費が増加し、FRBの収益は2022年9月から赤字に転じた。また、FRBの決算書(FRB, 2025)によるとFRBの自己資本額は2023年に429億ドル、2024年に440億ドルであった。2023年4月に累積赤字額が493億ドルとなり、自己資本を上回って債務超過となった。2024年12月末には累積赤字が2152億ドルとなり、名目GDP比0・7%まで拡大し、2025年3月まですで

図3－8　利上げとFRBの財務状況

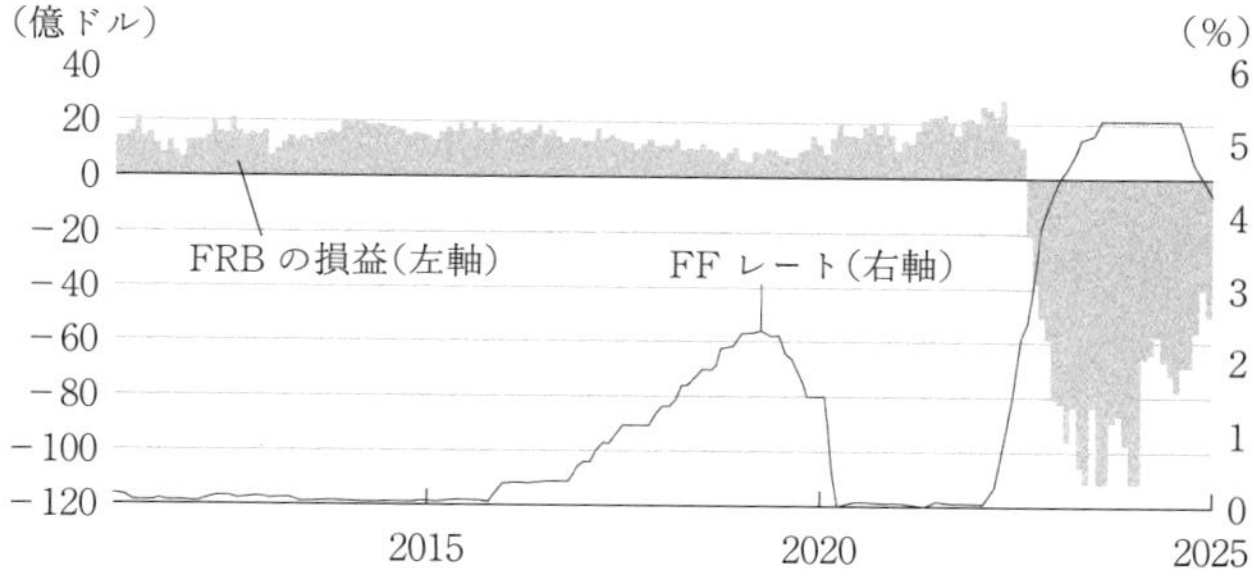

（注）「FRBの損益」は、"Liabilities and Capital: Liabilities: Earnings Remittances Due to the U.S. Treasury: Wednesday Level, Monthly, Not Seasonally Adjusted" であり、2025年1月まで更新済み。このデータは正の時はフローの値を示し、負の値の時はストックの値を示している。これはFRBは収益が費用を上回った場合には財務省へ国庫納付を行う一方、費用が収益を上回った場合には累積赤字である繰延資産を示しているため。このため、この図表では元のデータのうち、負の値をとる2022年9月以降、各月の前月差をとって毎月の赤字額を示している。詳細は、The FRED® Blog (Miguel Faria-e-Castro and Samuel Jordan-Wood.) "Federal Reserve remittances to the US Treasury" (November 20, 2023) を参考にされたい。
（出所）Fred。

に2年間債務超過の状態が継続している。しかし、FRBの債務超過を起因とした経済・金融市場の異変は起きていない。

さらに、毎月の赤字拡大幅をみると、おおむね2023年5月から2024年2月には毎月約100億ドルのペースであったが、2024年以降は毎月約50億ドルのペースに鈍化している。これはFRBが2024年に9月利下げに転じたことにより、利払い費が抑えられていることが寄与している。赤字拡大が加速しているわけではないことは明確にしておきたい。

FOMC (Federal Open Market

Committee、連邦公開市場委員会）の議事録においては、FRBの利益が赤字となり国庫納付額が減少すると、政治家から批判があるのではないか、との懸念が表明されていた。しかし、報道によると政治家からそのような批判は出ていない（*Wall Street Journal*, 2024年1月15日）。これは物価上昇が家計を圧迫しており、利上げは物価上昇を抑えるために実施するということがよく理解されているからであろう。中央銀行が財務状況や国庫納付を通じた財政への悪影響に配慮して物価安定のために必要な利上げを見送らざるを得ない、ということは起きていない。また、筆者の知る限りFRBの赤字が拡大しているので利下げするべき、という議論はみられていない。

利上げと欧州中央銀行の財務状況

図3-9に見るように、ECB（欧州中央銀行）は2022年7月から連続的に政策金利を引き上げ、2023年9月には4・5％に到達した。これを受けてECBの経常損益が悪化しマイナスになった（損益は2022年に引当金を取り崩して当期損益をゼロとした）。損益の悪化により、ユーロ圏に加盟する各国中央銀行（NCB）への分配金を停止した。2023年には年間の経常損益が12億6600万ユーロ（約2000億円）の赤字となった。2023年決算では、純支払利息が71億9300万ユーロに膨んだ。ECBは利上げ

図3－9　利上げとECBの財務状況

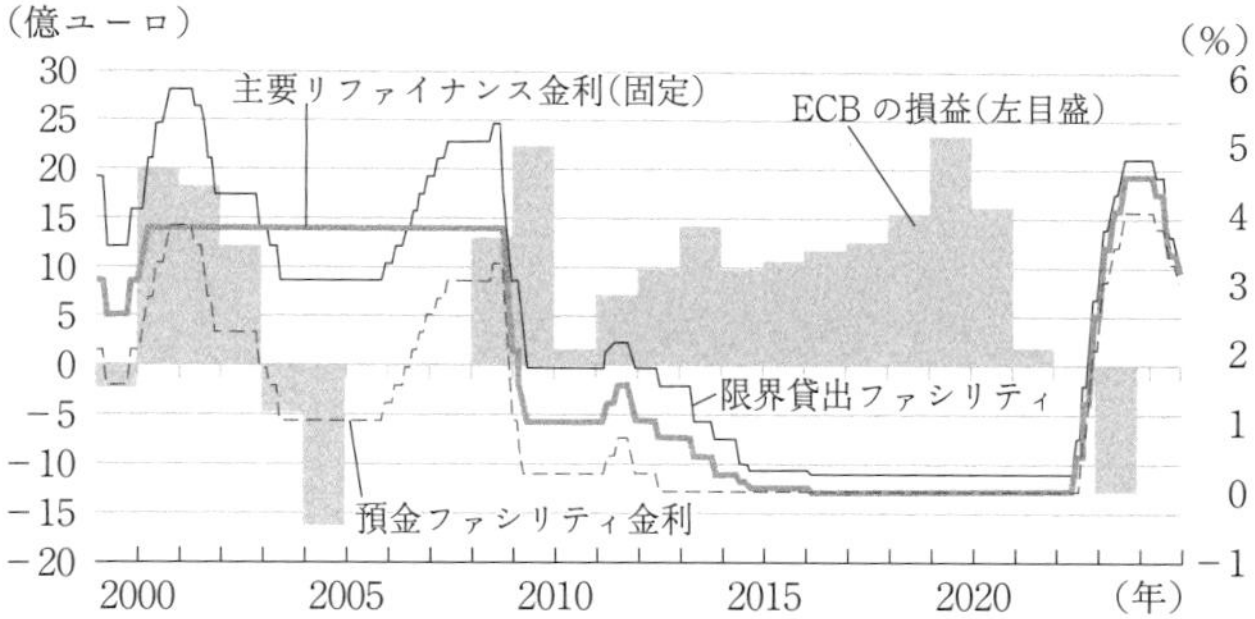

（出所）ECB "Annual Profit and Loss Account of the ECB", "Key ECB interest rates"
（注）ECBの損益は2023年まで、それ以外は2024年1月まで更新済み。

時等の損失発生に備えていた引当金のうち、66億2000万ユーロを取り崩したものの、2023年は損失をカバーしきれなかった。もっともECBは、2024年6月には物価の落ち着きや景気減速懸念を受けて政策金利を4・5％から4・25％へと引き下げに転じている。今後も経済・物価動向を確認しながら、追加の利下げを実施することが見込まれている。数年はこれまでの利上げに伴う赤字が継続するとみられるものの、利下げへの転換および追加利下げによっていずれ逆ザヤは解消に向かい財務状況も改善に向かう見通しである。

また、この間ECBの財務が赤字になったからといって、自国通貨安は起きておらず中銀財務や政府の財政に配慮する金融政策運営はまったく行われていない。

†イギリスの中央銀行（イングランド銀行）の財務状況

イングランド銀行（ＢＯＥ）は、国際金融危機の最中にあった２００９年に英国債を購入する資産買入プログラム（Asset Purchase Program）を開始した。リーマンショック、コロナショックを乗り越えた２０２２年２月には、償還を迎えた英国債の再投資の停止や英国債の売却を実施した。これに先立ち、図３‐10に見るように、ＢＯＥは２０２１年12月に政策金利を０・１％から０・２５％に引き上げた。それ以降、２０２３年８月には政策金利を５・２５％まで、２年８ヵ月で５％程度の急激な利上げを実施した。

ＢＯＥは、資産買い入れに関する損益をその他の業務に関する損益と明確に区別するため、資産買入ファシリティ（Asset Purchase Facility、APF）を設立している。このため、ＡＰＦの財務状況をみると、２０２２年７～９月期に赤字に転じ、２０２２年10月以降は政府による赤字の補塡が実施されている。それ以前の２０２２年９月までに累計で１２３８億ポンドの国庫納付を行っていた。たしかに、２０２２年７～９月期以降赤字だが、それまでの黒字を考えるとわずかな赤字に過ぎない。

なお、２０２４年８月には、利下げを行い今後の財務状況は改善に向かうとみられる。実際、図３‐10に見られるようにＢＯＥの損失はすでに減少しつつある。

図３－10　利上げとBOEの財務状況

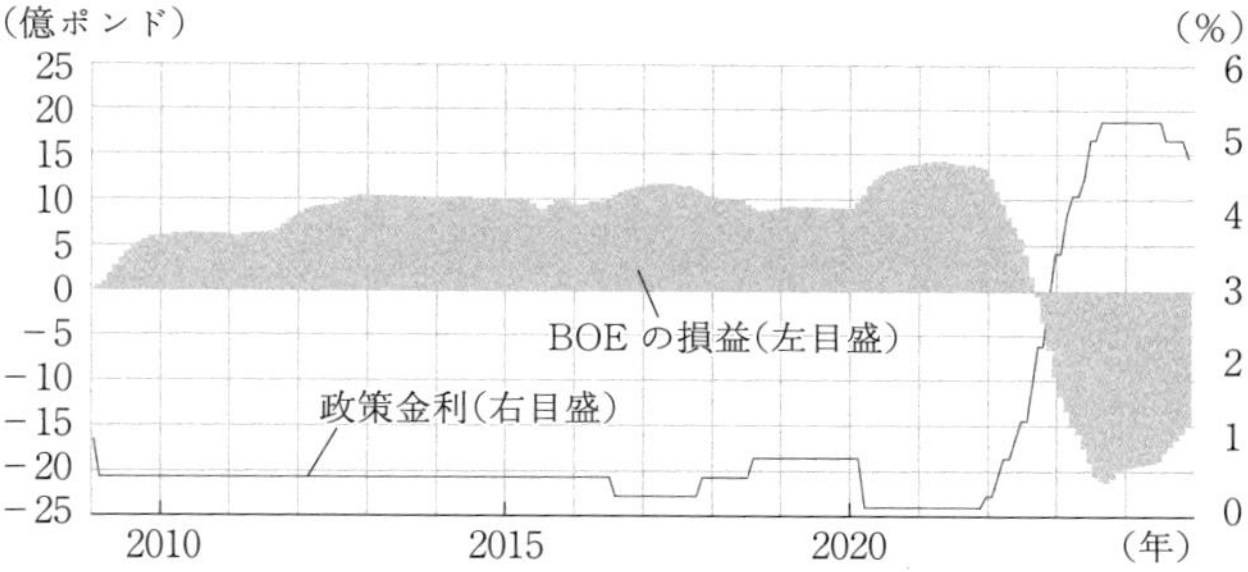

(出所) BOE "Interest rates and Bank Rate, Official Bank Rate", "Asset Purchase Facility: Interest receivable", "Asset Purchase Facility: Interest payable"
(注) 2024年12月まで。

図３－11　日本銀行の利益と政策金利の推移

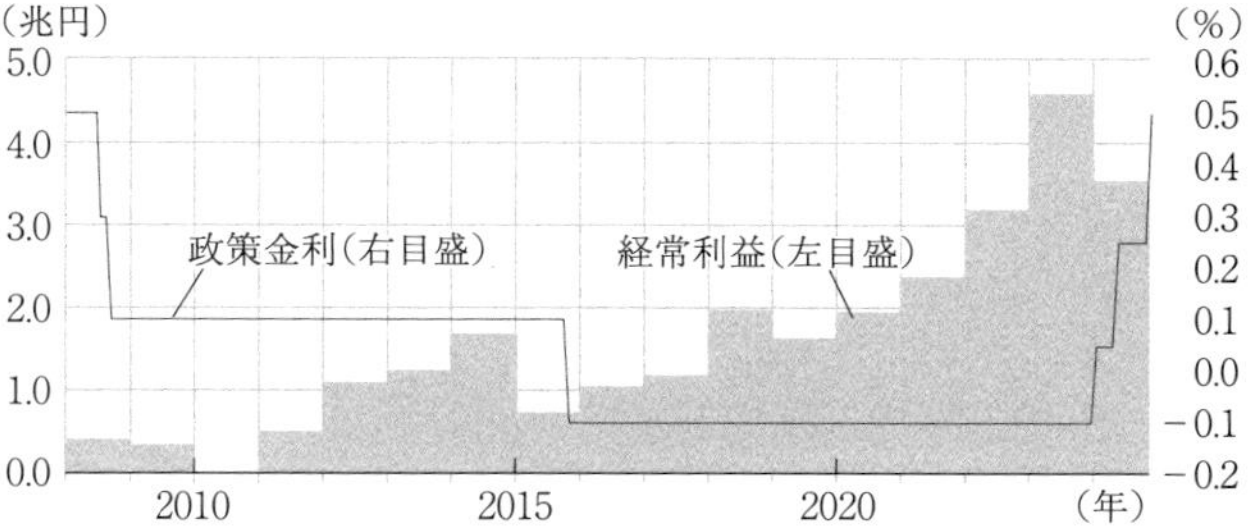

(出所) 日本銀行「事業年度決算等について」(各年度版)
(注) 経常利益は2023年度まで年度、2024年度は同年度上半期を2倍にして表示している。政策金利は2025年1月まで。

†日本銀行の財務状況

図3―11で、2008年度から2023年度の日本銀行の年度の経常利益と政策金利の推移をみると、経常利益は2008年度から2010年度には1兆円以下の規模で推移していた。大規模な金融緩和が開始された2013年度には1兆円を明確に超える規模に拡大し、2018年度には2兆円に到達した。2021年度以降はETFの配当収入の増加などで大幅な増益となり、2022年度に3兆円を超えて3兆2307億円、2023年度には4兆円を超えて4・6兆円となった。

なお、ETFの含み損益は2018年度末（2019年3月末）時点では3・9兆円であった。2019年度末時点にはコロナ後の株価急落により3081億円まで縮小したが、その後の株高を受けて2022年度末で16・0兆円、2023年度末には37・3兆円まで拡大した。

要するにFRB、イングランド銀行、欧州中央銀行では経常利益がマイナスになっているが、そのことがインフレ対策に必要な金融引き締めの妨げになったという根拠はない。また、日本銀行の経常利益は増加を続けており、その利益によって金融政策が動かされるということはありそうにない（今後考えられる日本銀行の損益については、本章第4節で説明

図3-12　中央銀行の損益と名目実効為替レート

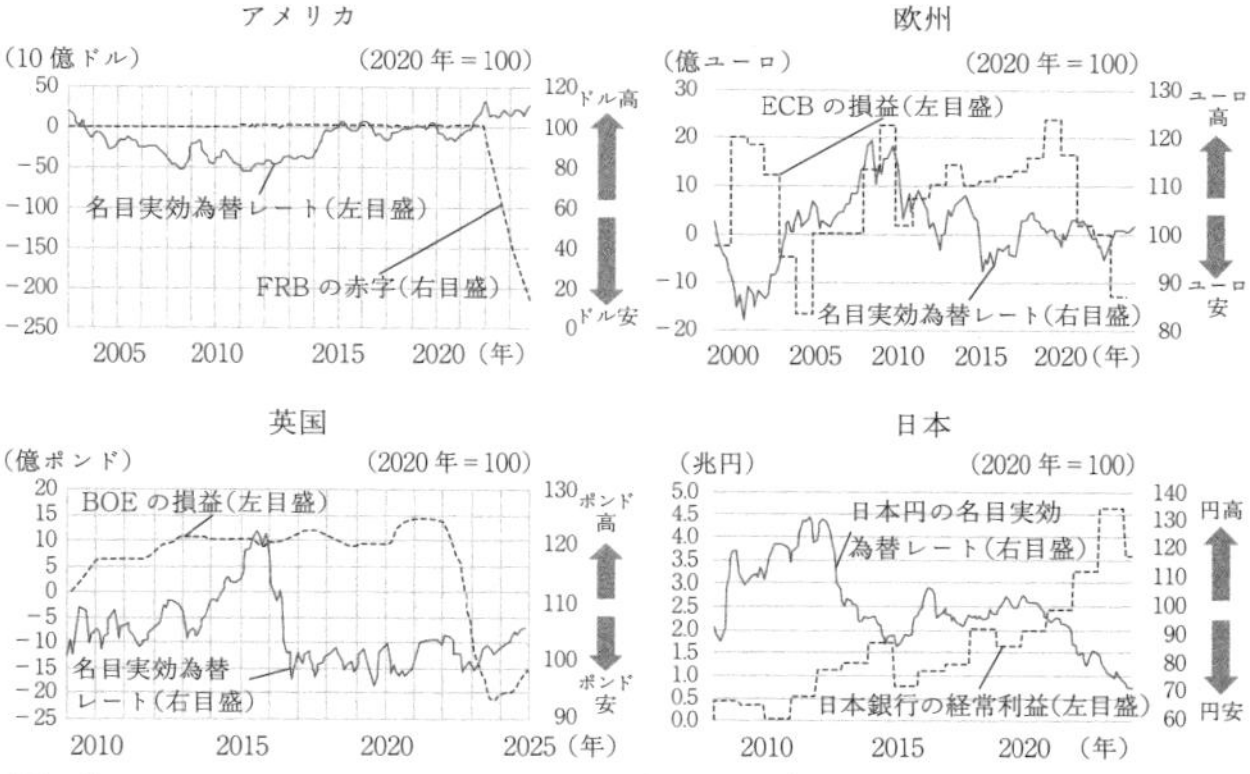

(出所) BIS "Effective exchange rates", 各国・地域の中央銀行の損益は前掲の図の出所を参照
(注) 2020年=100。日本銀行の経常利益は2023年度までは年度、2024年度は同年度上半期を2倍にして表示している。日本円の名目実効為替レートは2024年12月まで。

する)。

†中銀財務の悪化と為替レート

中銀財務の悪化によって、その国の通貨が急激に下落する、との懸念(前掲日銀レビューの第4の論点)について考えよう。図3-12は、各国中央銀行の経常損益(本節第1項の「中央銀行の財務悪化が欧米のインフレ高進をもたらしたのか」で用いたのと同じデータである)と為替レートを示したものである。為替レートは、名目実効為替レートなので、数字が大きくなるのが自国通貨高である。

各国中銀の損益と為替レートの関係を見ると、FRBの損益は202

2年9月から赤字に転じ、その額も急増しているが、ドルは高い水準を維持している。

ECBの損益は、2000年から2003年まで黒字であったが、ユーロはむしろ下落している。2003年から2005年には赤字となっているものの、ユーロは上昇している。2008年、2009年には黒字とユーロ高が同時に進行している。その後、2011年から2020年まで黒字であったが、ユーロは下落傾向になった。2023年から赤字となっているが、ユーロは元の価値を維持している。この間、2014〜15年頃はECBの収益は黒字であるが、為替レートは減価していた。これは欧州の財政危機の影響であるとみられるが、ECBの赤字幅の拡大がユーロに大きな影響を与えていないのは明らかである。

イングランド銀行（BOE）の損益は2022年10月から赤字に転じたが、実効為替レートは堅調である。

日本は、主要中銀の中で唯一中央銀行の利益がトレンド的に拡大しているが、為替レートは大きな変動を繰り返している。また、2020年以降、利益はさらに増加しているが、為替レートはトレンドとして下落している。

以上をまとめれば、中央銀行の損益と為替レートとは何の関係もないと言える。

4　出口での日銀財務のシミュレーション

前節で述べたように、中央銀行が赤字になることに何の問題もないが、これが多くの人の関心事であるので（後述する高田2017、日経センター2023など）、出口での日銀財務のシミュレーションを行う。日本銀行の財務状況を説明した後、シミュレーションの前提となる事実と考え方の整理を行う。

†日本銀行の財務状況

表3－1で異次元金融緩和が実施された2013年4月からマイナス金利の解除が実施された2024年3月までの日本銀行のバランスシートの変化をみると、資産合計は164・8兆円から756・4兆円まで4・6倍となった。資産の増加幅は591・6兆円であり、その大部分は長期国債が占めた。長期国債は2013年3月末の91・3兆円から2024年3月末の585・6兆円まで494・3兆円増加して6・4倍となった。それ以外では、ETFが2024年3月末には時価が74・5兆円となり、簿価37・2兆円との差額37・3兆円が含み益となっている。

表3−1　日本銀行のバランスシートのイメージ

（単位：10億円）

2013年3月末

資産合計＝負債・純資産合計　164,813

資産	負債・純資産
	負債の部（161,524）
長期国債 91,349	うち日銀当座預金 58,129
	うち銀行券 83,378
短期国債 34,006	うち債券取引損失引当金 2,243
貸出金 25,487	うち外国為替等取引損失引当金 1,096
その他資産 13,970	純資産の部（3,289）
	うち法定準備金　2,741

その他資産の内訳	
ETF（時価）	2,094
簿価	1,544
含み益	550
外貨建て資産	5,526
J-REIT	119
その他	6,781

2024年3月末

資産合計＝負債・純資産合計　756,423【4.6倍】

資産	負債・純資産
	負債の部（750,587）【4.6倍】
長期国債 585,617【6.4倍】	うち日銀当座預金 561,182【9.7倍】
短期国債 4,047【0.12倍】	うち銀行券 120,880【1.4倍】
貸出金 107,908【4.2倍】	うち債券取引損失引当金 6,985【3.1倍】
	うち外国為替等取引損失引当金 2,918【2.7倍】
その他資産 58,852【4.2倍】	純資産（5,836）【1.8倍】
	うち法定準備金 3,548億円【1.3倍】

その他資産の内訳	
ETF（時価）	74,498【35.6倍】
簿価	37,186【24.1倍】
含み益	37,312【67.8倍】
外貨建て資産	9,562【1.7倍】
J-REIT	739【6.2倍】
その他	11.365【1.7倍】

（出所）会計検査院「令和4年度決算検査報告」第6章 第2節、日本銀行「第139回事業年度（令和5年度）決算等について」
（注1）【】内の数字は、2012年度末から2023年度末にかけてそれぞれの項目が何倍となったかを示している。
（注2）バランスシートの表はあくまでもイメージであり、表の高さは金額に比例していない。

次に負債サイドでは、当座預金が2013年3月末の58・1兆円から2024年3月末の561・2兆円となり9・7倍となった。銀行券が2013年3月末の83・4兆円から2024年3月末の120・9兆円まで1・4倍の増加となった。

また、表3−2にある通り2023年度の経常利益は、4・6兆円となった。国債の利子所得が1・7兆円、

表3－2　日本銀行の損益計算書

（単位：10億円）

	2012年度	2023年度	差額
経常収益	1,398	5,086	3,688
うち外国為替収益	681	1,676	995
うち国債利息	623	1,712	1,090
経常費用	267	446	179
うち経費	190	219	29
経常利益	1,132	4,640	3,508
特別利益	7	4	－3
特別損失	302	1,574	1,272
うち債権取引損失引当金	—	923	
うち外国為替等取引損失引当金繰入額	302	651	349
税引前当期剰余金	837	3,070	2,233
法人税、住民税及び事業税	261	783	522
当期剰余金	576	2,287	1,711
法定準備金積立額	29	114	85
配当金	0.005	0.005	0.0
国庫納付金	547	2,173	1,626

（出所）会計検査院「平成24年度決算検査報告」第6章第2節、日本銀行「第139回事業年度（令和5年度）決算等について」

ETFの配当金受取が1・2兆円となった。外貨建て資産の利息が2786億円ある。2023年度の円安・ドル高が進んだことを受けて、外貨建て資産の円評価額が増加し、外国為替差益が1・3兆円発生したことも利益を押し上げた。このように外貨建て資産は円安が進めば利益が発生するものの、円高となれば損失が発生する。

なお、日本銀行は2004年以降、国債については償却原価法で評価している。日本銀行（2004）によると、償却原価法とは「取得原価と額面の差額を、償還期限までの間、毎期均等に償却する方法。これに伴う損益は、損益計算書上、国債利息に含める形で計上する」とされている。

また、日本銀行は国債や外貨建て資産による損失の発生に備えるため、引当金を計上している。表3－2にあるように、2023年度に債券取引損失引当金として9227億円、外国為替等取引損失引当金繰入額として6510億円が特別損失として処理されている。過去このように引当金を積み上げた結果、表3－1にあるように、2024年3月末時点で日銀の負債の部に国債の損失に備えた引当金として7・0兆円、同様に外貨建て資産向け引当金として2・9兆円が計上されている。また、2024年3月末時点で3・5兆円の法定準備金を保有している。これらの合計13・5兆円が自己資本金といえる。

なお、上記のように日銀の財務状況は、政策金利の利上げペース、利上げや経済・物価動向に伴う長期金利の上昇度合い、資産側で国債を再投資する割合などに依存して変化する。次節では具体的な財務見通しを5つのシナリオで確認していこう。

†これまでのシミュレーションとの比較

高田（2017）のシミュレーションでは、政策金利や長期金利、イールドカーブの廃止時期、バランスシートの削減状況などよって7つのシナリオを設定している。利上げによって利払い費が増加すると、赤字が拡大する傾向があり、日銀の損益の赤字化を回避しようとすると、平均8ベーシスポイント（100ベーシスポイントが1％）の利上げしかできない。年25ベーシスポイント程度の利上げ継続ならば一時的に赤字化するものの、いずれ債務超過は解消される可能性が高い、とされている。一方、何らかの理由で急速な利上げを行う場合には、収支が大幅なマイナスとなり、一時的にも巨額の累積欠損が生じうる。出口を円滑に遂行するために引当金等の活用やバランスシートの縮小を組み合わせることも選択肢とされる。

高田（2017）の前提を2024年3月から7月の日銀の決定と比較してみると、日銀の決定は遥かに金融引き締め的である。まず高田（2017）の前提では、マイナス金利解除の後、イールドカーブ・コントロールの廃止が想定されているが、3月に同時に決定された。また、バランスシートの縮小は、高田（2017）では将来的な選択肢とされていたものの、日銀は7月には決定した。

日本経済研究センター（2023）では4つのシミュレーションが提示され、短期間に10年金利が3・0％まで急上昇する金利急騰シナリオのみ、大幅な赤字となることが示されている。

筆者は、基本的に、日本銀行の考え方に沿ってシミュレーションを行うことにした。これは、高田（2017）、日本経済研究センター（2023）のシミュレーションよりも金利の引き上げをやや早いペースで行うことを見込んである。すなわち、彼らのシミュレーションよりも日銀の損失が出やすいシミュレーションである。日本銀行は7月の金融政策決定会合で、政策金利を0・25％に引き上げ、長期国債の買入額を2026年3月に向けて減額していく方針を決定した。また先行きの経済・物価動向が日銀の見通し通りに推移すれば、政策金利をさらに引き上げる方向も示した。

以上を踏まえて先行きの日銀の損益を考えると、今後収益面では国債買入額が減額されていくことから受取利息が減少していく一方で、当座預金にかかる政策金利が引き上げられていくことから利払い費が増加して損失は拡大していく見込みである。これらを踏まえた日銀の損益がどうなるかに注目が集まっている。また、その際、購入する長期国債の金利が高ければ高いほど利益が拡大する。政策金利を上げるために当預への付利を引き上げるほど、損失が拡大する。したがって、日銀の損益は、政策金利と長期金利、政策金利を支払う準備と買い入れる長期国債の量の動向が重要となる。そこで2024年7月の方針をもとに、今後の政策金利と長期金利のシナリオをおいた上で、今後の日銀の財務状況についてのシミュレーション結果を示したい。

†長期国債の買入額

日本銀行の見込みでは、長期国債の買入額を2024年7月の6兆円弱、年間70兆円弱のペースから、四半期で4000億円ずつ減少して2026年1〜3月期には2・9兆円、年間36兆円ペースとなると見込んでいる(「金融市場調節方針の変更および長期国債買入れの減額計画の決定について」2024年7月31日)。2025年4月以降は2・9兆円で一定となると見込んだ。中間評価も予定されており、今後の経済・物価動向、金融市場の動向に応じて変更もありうるが、ここではこの予定通りの買入額を想定した。国債購入額の推移は図3−13のようになる。

また、国債の買入額の減少に応じて、図3−14のように、日本銀行のバランスシートも縮小する。資産と負債は2023年度末の673・4兆円から2043年度末には357・3兆円に縮小する。資産側の長期国債残高の減少に応じ、負債側では当座預金が減少する。

図３－13　国債の買入額の見通しと仮定

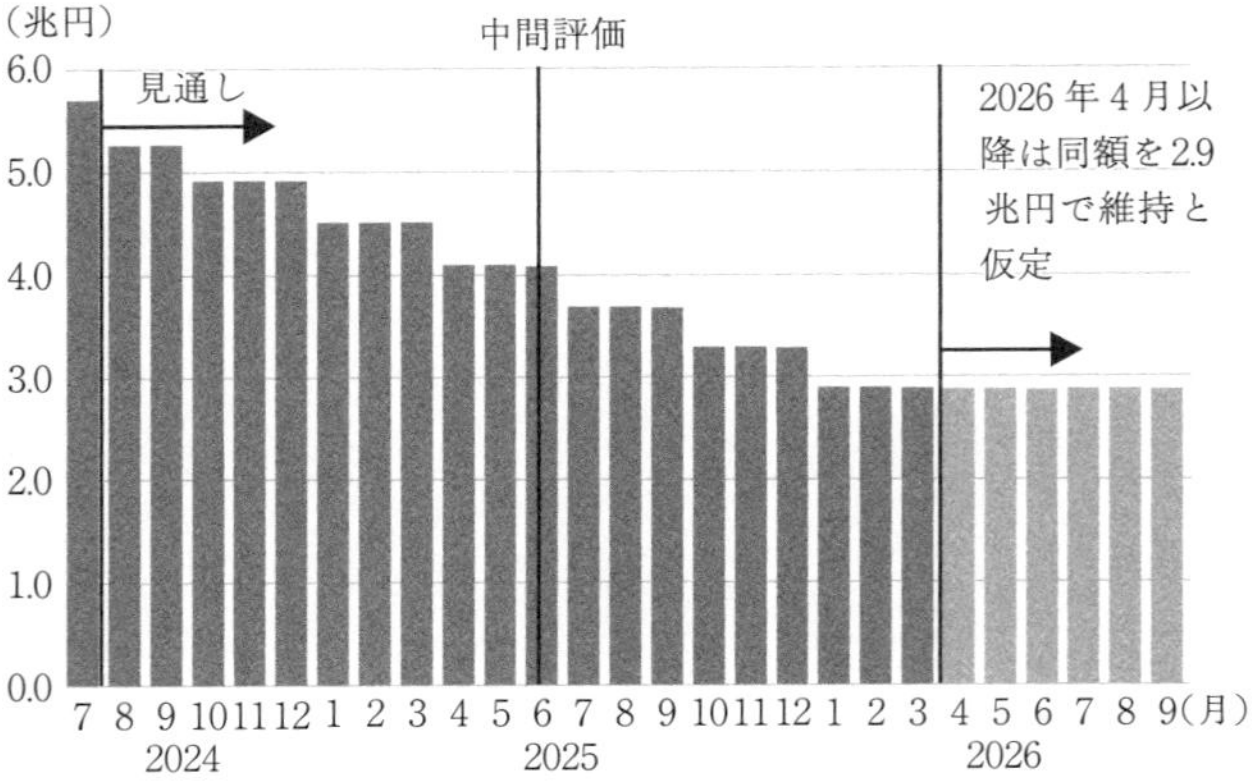

（出所）日本銀行「金融市場調節方針の変更および長期国債買入れの減額計画の決定について」

図３－14　日本銀行のバランスシートの推移

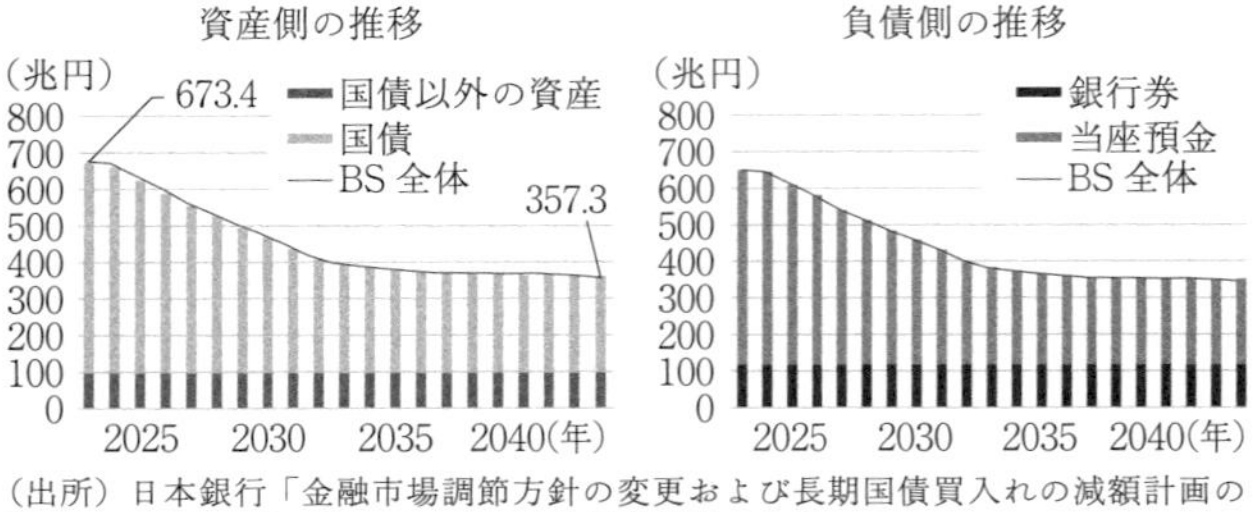

（出所）日本銀行「金融市場調節方針の変更および長期国債買入れの減額計画の決定について」、「マネタリーベースと日本銀行の取引」

†政策金利（付利金利）の仮定

次に2043年度までのシミュレーション期間中の政策金利を設定する。まずベンチマークとして政策金利を2025年1月の0・5％で据え置くケースをシナリオ1とした。ただし、日本銀行は政策金利を中立金利まで引き上げる方向性を示している。政策金利を引き上げるほど付利金利が上昇して日銀の利払い費が増加する。中立金利は概念的には潜在成長率と中長期の物価上昇率を合わせた水準とされるが、定量的な水準は定かではない。

そこで政策金利を1％まで12カ月に1回0・25％の利上げをしていくのをシナリオ2とした。過去30年ほど0・5％までの利上げにとどまっているが、今回は物価や賃金の上昇がみられるため、それよりも高い1％とした。

また、仮に潜在成長率が0％程度、インフレ率が2％程度であれば、中立金利は2％程度となりうる。この水準まで6カ月に1回0・25％利上げすることをシナリオ3とした。中立金利が高く政策金利が高くなるほど、日銀の利払い費がかさんで日銀の財務は悪化方向となる。そこで4％という高い水準まで、3カ月に1回0・25％という早いペースで実施するのをシナリオ4とした。これはたとえば、1ドル200円を大きく超えるような急激な円安による物価上昇を抑制するために利上げを実施するようなケースが考えられる。

図３－15　政策金利の仮定

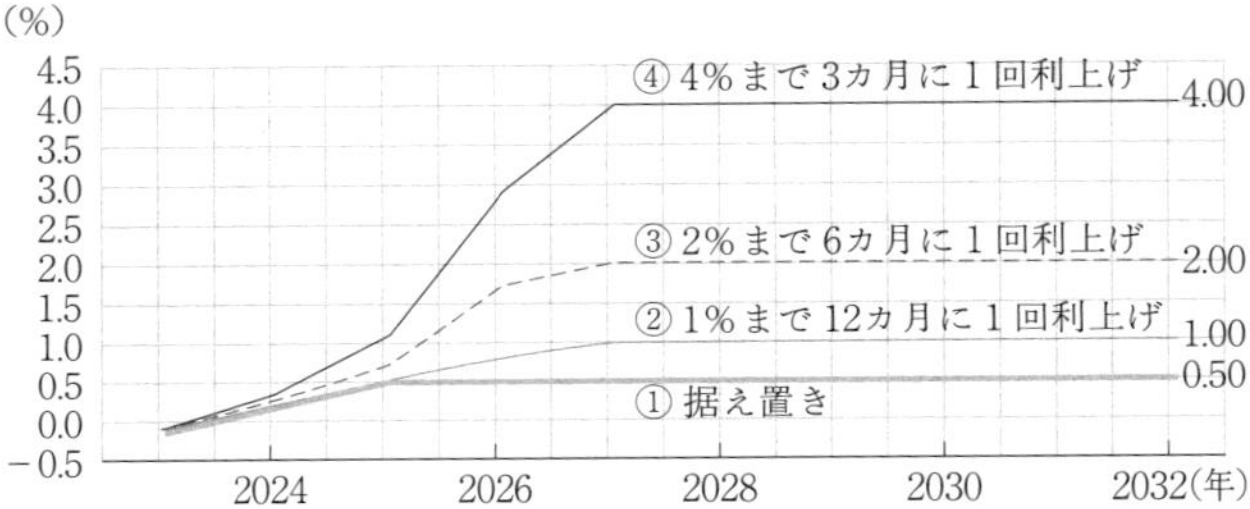

図３－16　長期金利の仮定

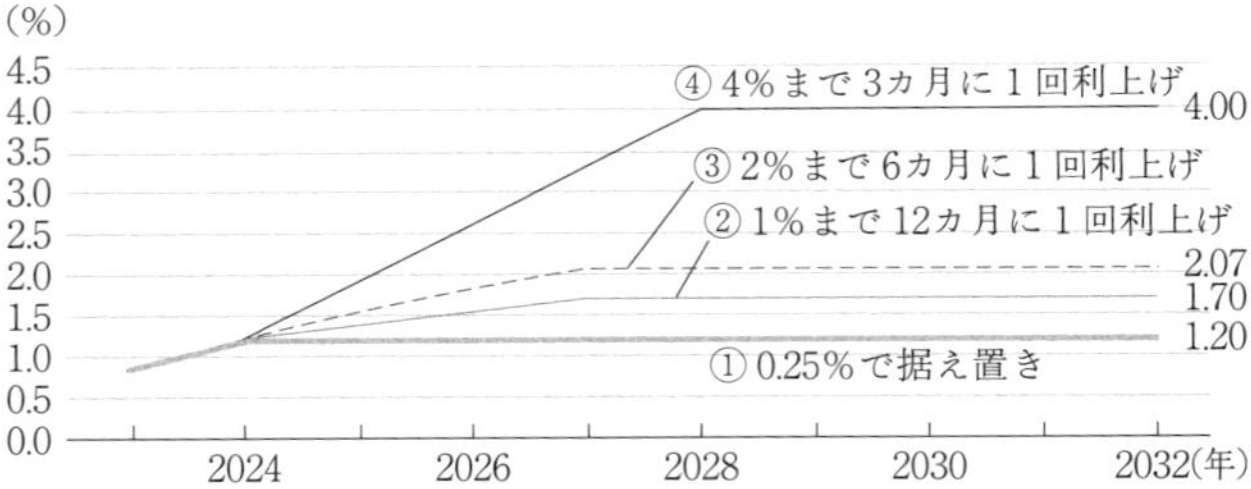

（出所）日本銀行「金融市場調節方針の変更および長期国債買入れの減額計画の決定について」、「マネタリーベースと日本銀行の取引」より筆者作成

以上の政策金利の仮定を図示したものが図３－15である。

これに伴い、イールドカーブも変化する。本シミュレーションではイールドカーブ全体を推計しているが、説明の簡便のために、短期金利と長期金利のみを示している。政策金利の上昇に応じて長期金利も上昇する。景気の拡大に応じて金利を上げていくので、短期金利の上昇とともに長期金利が上昇していくことを

表３-３　2045年度末の長期金利（%）

	①据え置き	②1%まで12カ月に1回利上げ	③2%まで6カ月に1回利上げ	④4%まで3カ月に1回利上げ
政策金利	0.5	1.0	2.0	4.0
長期金利	1.2	1.7	2.1	4.0

仮定している。代表的な長期金利（10年国債利回り）を取り上げると、図３-16のようになる。シナリオ１では２０２５年１月の10年１・２０%が横ばいで推移する。シナリオ２では２０２７年度にかけて１・７%まで上昇する。シナリオ３では２０２７年度の２・０%まで上昇する。２０２８年度までにシナリオ４では４%まで上昇する。

多くの場合、長期金利は短期金利よりも高くなっているので、シミュレーションにおいてもこのことを仮定している。具体的には、表３-３のようにした。この長短金利差は過去の実績より小さいので、シミュレーションにおいて日銀の利益を小さくする要因である。

各シナリオの収益の内訳をみたのが図３-17である。日本銀行の決算には利息関係として、受取利息と金利調整額の２つが計上されている。２０２４年３月までに購入した長期国債から受け取れる利息を旧ポートフォリオの受取利息として示している。金利調整額とは以下のものである。日本銀行の決算において、債券は償却原価法で評価されている。通常、新発の国債は市場金利に合わせてクーポンが設定され、１００円近くで発行される。しかし、日本銀行が金

図3-17　各シナリオの経常損益の内訳

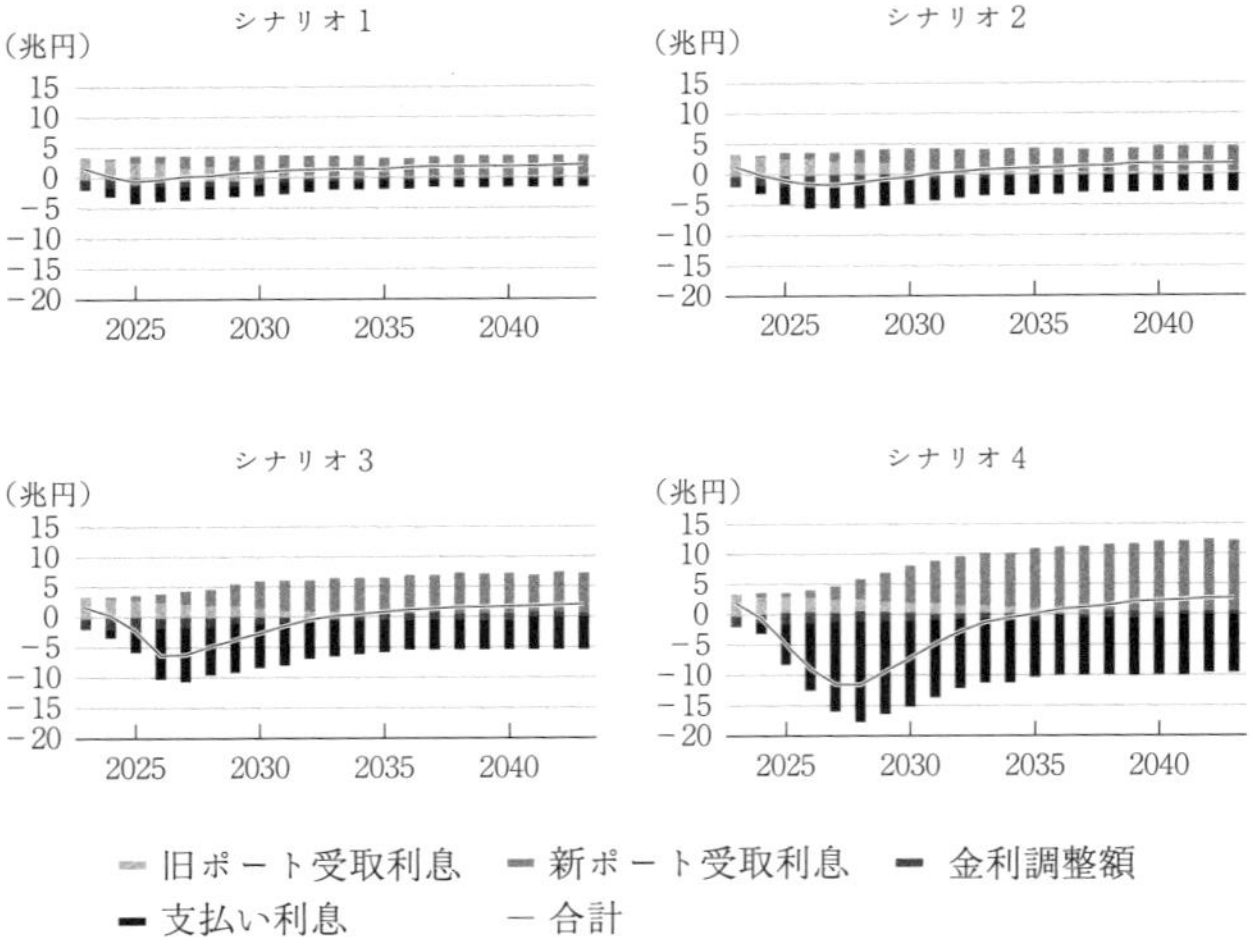

(出所) 日本銀行「金融市場調節方針の変更および長期国債買入れの減額計画の決定について」、「マネタリーベースと日本銀行の取引」より筆者作成

利低下局面で国債を購入すると、取得価格は100円よりも高くなる。たとえば120円で取得して、償還までの期間が5年であるとすると、償還の100円を上回る20円分を5年で除した4円分がマイナスの利息調整額として計上されるため、この金利調整額は収益を押し下げる。

このように金利調整額がマイナスになるのは日銀が国債を購入する際の価格が100円を上回っている場合である。上昇した価格と償還額の差額として発生する。一方、シミュレーションでは、利上げ後は長期金利が右肩上がりに上

図3-18　日銀の損益シミュレーション

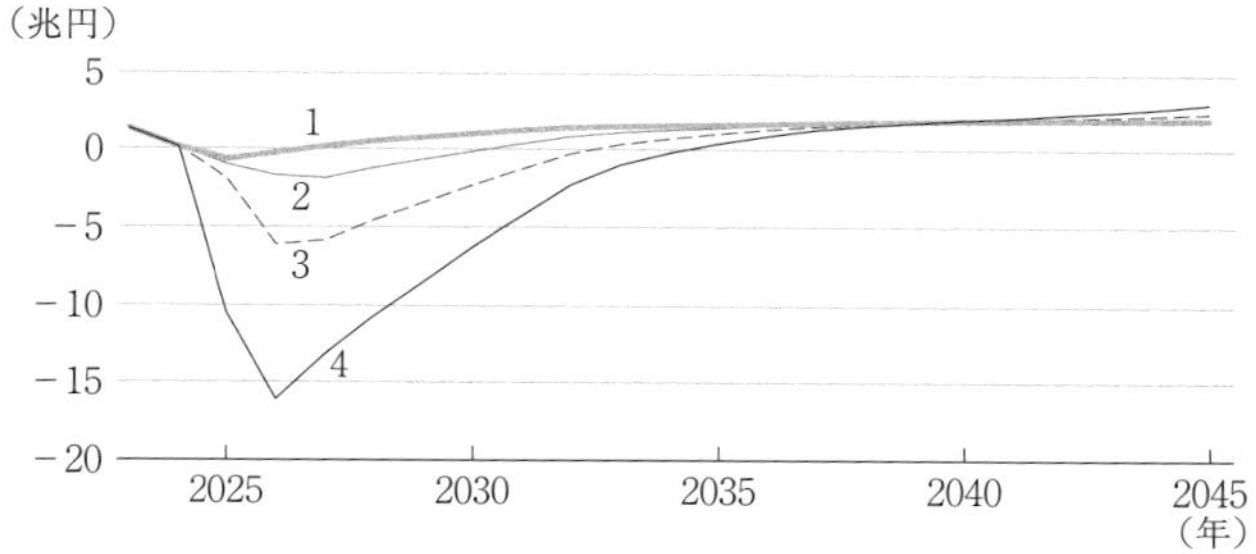

(出所) 日本銀行「金融市場調節方針の変更および長期国債買入れの減額計画の決定について」、「マネタリーベースと日本銀行の取引」より筆者作成

昇する想定であるため、上記の金利調整額の損失は発生せず、金利上昇に応じて高いクーポン金利の国債を購入できる。この分を新ポート受取利息としてグラフに計上している。一方、負債サイドとしては前述の通り、当座預金に政策金利が支払利息として発生する。長期国債の買入減額に応じて当座預金が減少する。一方で金利は政策金利の引き上げに応じて上昇するため、利払い費の増加要因となる。これらを合わせた新ポートの受取利息も示している。

以上を踏まえた日銀の損益シミュレーションの結果は図3-18のようになる。まずシナリオ1では、受取利息の拡大につながる金利上昇もない代わりに、支払利息拡大につながる政策金利の引き上げもないため、シミュレーション期間中の日銀の損益は2025〜2026年度の2年間のみ小幅な赤字となるものの、その後は黒字となる。

次に、シナリオ2では2025〜2030年度に赤字、同期間の累積では6・7兆円となり、その後は黒字となる。一方、シナリオ3では赤字となるのは2025年度で変わりがないが、2032年にはほぼ赤字を脱する。つまりシナリオ2では6年ほど赤字となる。

また、シナリオ3では2025年度から2032年度の8年間に赤字となり、同期間の累積の赤字額は25・8兆円となる。

シナリオ4では2025年度から2034年度までの10年間の赤字となり、同期間の累積赤字は73・0兆円となる。したがって、シナリオ3と比較してやや長い期間赤字となる。

このように、日銀の損益は利上げのペース、中立金利の水準、長期金利の上昇幅などに応じて大きく変化する。もっとも中央銀行が一時的に赤字となっても、将来のバランスシートの縮小に伴う当座預金の残高減少による付利払いの減少、投資する長期国債の利回り上昇によって受取利息拡大につながる。いずれのシナリオでも、デフレを反映した低金利の2023年よりデフレから脱却し名目金利が上昇した後の2045年の方が日銀の利益は増大する。このうち累積赤字が73・0兆円となるシナリオ4では、2023年の日銀利益4・6兆円に対し2045年の利益は3・1兆円と1・5兆円の利益減少となっている。しかし、2023年の日銀利益は株価の上昇や外国為替収益を含んだものなので、23年の国債から得られた利益1・7兆円（表3－2の国債利息）と比べるべきである。これと比べると1・4兆円（3・1－1・7）の利益増となっている。これは、物価上昇と潜在GDPの増加に応じて高金利になっているので、最終的には利子のない当座預金で資金を調達できる中央銀行の利益は増大することを示している。将来の日銀の損失が減少して損失解消が見込まれる可能性が高ければ、経済・金融に大きな影響は及ばさないだろう。

また、これまでみてきたように日銀の損益・財務に影響を与えるのは長短金利差である。図3－6にあるとおり長期金利が短期金利を上回り、長短金利差はプラスとなることが多い。もっとも90年前後の日本や70年代、2024年ごろのアメリカのように、長期金利が短期金利を下回って長短金利差がマイナスとなる場合もある。この場合、日銀は低い国債金利収入しか得られない一方、高い付利金利を支払うため、日銀の財務が悪化する。本シミュレーションでは保守的にこうした日銀の財務が悪化しやすいケースを考えるために、表3－3にあるとおり政策金利と長期金利があまり違わないような仮定を置いた。

しかし、繰り返しとなるが多くの場合、長期金利は政策金利を大きく上回り、日銀の財務も長短金利差の恩恵を受ける。これは物価目標の達成後の利上げでは長期金利が持続的に短期金利より高くなるためである。その場合には、長期的には、より高い長期金利を得ながらより低い付利を支払うことで、日銀の財務は好転する。したがって、金融政策は日銀財務の状況に応じてではなく、あくまでも経済・物価動向に応じて運営すべきである。

第3章のまとめ

本章では、大規模緩和の副作用論をサーベイした後、大規模緩和が銀行経営と中央銀行の財務に与える影響を議論した。副作用論には、市場の流動性低下論、金融市場の不均衡論、円安の副作用論などがあるが、いずれも根拠がないか、大規模緩和を止めることではなく、他の方法によって対応可能であり、その方が望ましいことを示した。

さらに、大規模緩和が金利を引き下げ、銀行経営に悪影響を与えるという議論は、短期金利を引き上げても長期金利が持続的に上昇するとは限らず、不況によって貸出が減少し、貸し倒れコストが上昇することを忘れている。また、景気回復が十分でないときに金利を引き上げれば、景気失速からさらに金利が低下する。1990年代以降、不十分な金利引き下げ、景気が十分に回復していない中での早期の金利引き上げが、デフレを引き起こし、デフレが名目金利を引き下げてきたことを忘れないようにしたい。

異次元緩和によってインフレ率が高まり、緩和を縮小する時に、中央銀行の財務状況が悪化し、物価の高騰、為替暴落を招くという議論があるがまったく根拠がない。また、中央銀行の財務は、一時的には悪化するが長期的には好転する。

終章　異次元緩和政策の成果

これまで、第1章では大胆な金融緩和の成果を見た。雇用の改善、生産性の上昇、実質と名目のGDPの増大、特に1人当たりで見た実質GDPの増大、所得分配の改善、自殺者の減少、財政状況の改善、景気の実感の上昇が見られた。特に大きいのは、雇用の拡大と失業率の2%台への低下である。結果として、就職氷河期と言われるような若年層の雇用環境の悪化は生じていない。ただし、雇用者数は642万人、12・4%の増加だが、日本全体の労働時間は2・9%しか増加していない（これらの数字は図1－2、図1－5の統計資料により計算）。増加した雇用者の多くが高齢者、女性の短時間労働者だからである。これは日本全体の人口、生産年齢人口が減少している中で起こったことだからである。生産年齢人口の減少は1995年からのことであり、人口が減少している中でも雇用環境の悪化は続いていた。金融緩和がなければ、2013年以降も雇用環境の悪化は続いていただろう。

経済全体の指標である実質GDPの増加はわずかだったと言われるが、そもそも人口が減少しているからである。さらにはコロナショックもあった。人口1人当たりの実質GDPは、大胆な金融緩和以前の年0・6%から0・9%へと0・3%ポイントも高まっている（これがいかに大きな数字であるかは第1章第6節参照）。1人当たりGDPの成長率が上昇したのだから、生産性の上昇率も高まっている。

実質GDPの増加と物価の回復により名目GDPが増加し、税収が大きく増加している。結果、財政状況は大きく改善している。一般政府財政赤字の対GDP比は2012年の8・2％から、コロナショック前の2019年には3・0％へ、コロナ後の2023年でも4・2％にまで縮小している。個人消費が回復していないと言うが、それは消費税増税と社会保険料の引き上げがあったからである。これらがなければ、1人当たりの消費は、0・7％で伸びていたはずである。伸びなかった分は、政府の収入となり、財政改善に貢献していた。

雇用の逼迫により賃金の上昇も始まっている。失業者という所得がゼロの人が減少することで、所得格差も縮小している。

†異次元緩和政策の成果を評価しない経済学者たち

このように大規模な緩和の成果が大きいにもかかわらず、多くのエコノミストがこれらの成果を評価しないのは不思議である。うち、高偏差値大学の経済学者が、雇用の改善、特に若者の雇用に無頓着なのは、高偏差値大学では一般の雇用情勢にかかわらず安定した求人があるので、雇用環境の変化を認識できないことがあるのだろう（原田2021、153〜154頁参照）。しかし、高偏差値大学の経済学者も、定年後、低偏差値大学（ごめんなさい）に移ることが多いので、そのうちには認識できるようになるだろうと期待している。

さらに理解しがたいのは、金融緩和で「財政規律が緩む」という日本の経済学者の主張である。日本経済新聞社が、一流と認定した経済学者47人のうち、「異次元緩和が財政規律を緩めることになった」と答えた経済学者は64％であったという（日本経済研究センター・日本経済新聞「エコノミクスパネル［第2回］異次元緩和、経済への評価は未だ定まらず」2025年1月16日）。しかし、異次元緩和後、財政赤字の対GDP比は縮小、政府債務残高の対GDP比は横ばいになっている（第1章第12節）。どういうデータに基づいて財政規律が緩んだと主張しているのか理解しがたい。ただし、47人のうち、東京大学の星岳雄教授は「政府の財政規律は日銀が大規模な国債買い入れをする前から緩んでいた」、京都大学の諸富徹教授は「コロナ禍などで膨らんだ財政支出を手じまいできないのは政府と議会の側に問題があり、日銀のせいにするのはお門違い」とコメントしている。まともなことを言う経済学者もいるわけだ。

第2章では、金融政策の目的と手段を説明した。金融政策の目標は経済を程よく景気のよい状況にすることであり、日銀法では、「物価の安定」と「国民経済の健全な発展」と表現されているものである。物価の安定とは、日銀と政府のアコードで2％の物価上昇率を目指すことが決定されている。国民経済の健全な発展とは、２％物価目標の下で、失業率ができるだけ低く、資産価格の異常な高騰などバブル的要素がないことだろう。

金融政策の手段については、金利がゼロになっても様々な経路で経済を刺激することが可能であることを論じた。そのような経路変数は金融政策によって影響を受け、経済を刺激したことを示した。

†副作用論には根拠がない

金融緩和の結果、予想物価上昇率が上昇し、実質金利は低下した。貸出も拡大し、全産業活動指数も増加した。様々な実証分析も、量的緩和政策が経済と物価を押し上げたことを示している（第2章第4節）。

第3章では、金融緩和政策の副作用と言われているものを銀行経営と中央銀行財務に与える影響を主として分析した。副作用と言われているものは軽微またはあり得ないことを明らかにした。ではなぜ、副作用論が後を絶たないのか筆者には理解しがたいことである。

大規模緩和の副作用として挙げられているのは、金融市場の流動性低下、銀行利益の圧縮、日銀の債務超過の可能性、円安である。しかし、金融市場の流動性低下は事実ではない（第3章第1節）、銀行利益の圧縮論は、銀行の利益が長短金利差からのみ生まれるという思い込みによるものである。また、金利を上げても長短金利差が拡大するとは限らない（第3章第2節）、日銀の債務超過論では、そもそも中央銀行が債務超になるとはどういうことかを議論した。

多くの国で、中央銀行が赤字ないし債務超過となっているが、それが物価を安定させる中央銀行の力に悪影響を及ぼしてはいない。日本銀行はＥＴＦの配当などで大幅な黒字となっているが、円安は続いている。要するに、中央銀行の赤字黒字と為替とは何の関係もない（第3章第3節）。円安が問題として、円高になればよいのだろうか。１９８０年代から何度も経験した円高は、日本を低圧経済にして産業基盤を壊滅させた（第2章第8節）。

将来の金利と実体経済の動きによっては、日本銀行が債務超過になることはありうる。しかし、それが中央銀行の物価をコントロールする力になんら悪影響を与えるものではない。また、長期的にデフレから脱却すれば名目金利の上昇によって日本銀行の財務状況は改善する。

ただし、ＩＭＦチーフエコノミスト・調査局長、インド準備銀行総裁を務めたシカゴ大学のラグラム・ラジャン教授は、非伝統的な金融政策は期待通りの万能薬になることはなく、しばしば意図せざる結果を及ぼす、したがって中央銀行は、保守的で平凡な通常業務に戻るように求めている（ラジャン２０２４、５〜６頁）。つまり、本書が批判しているありえない副作用論に好意的である。しかし、ラジャン教授のいう副作用は、欧米各国で意図した以上のインフレをもたらしていることと（これについての筆者の見解は、第2章第6節にある）、中核国（特にアメリカ）の金融政策が周辺国に及ぼす波及効果が、周辺国（開発途上国）の債務の拡大、にわか景気、最終的には破綻をもたらすということである。このような周辺国への影響は1997年のアジア通貨金融危機のように、実際に起きたことであるが、当時、非伝統的金融政策は行っていなかった。

長期の金融緩和がこのようなことを引き起こす可能性は否定できないが、アジア通貨危機の主要な要因は、アジアの金融機関が短期で外貨資金を調達し自国通貨に変換したうえで長期の貸出を行っていたことではないか（「教えて！　にちぎん　用語解説　通貨危機／アジア通貨危機」を参照）。外貨を稼げない銀行が為替リスクを取れば破綻するのは当然である。これを非伝統的金融政策の副作用というのは、証拠不十分な嫌疑である。

繰り返す。大規模緩和政策の効果は事実である。一方、副作用と言われているものは実現していないか、あり得ないものである。大規模金融緩和の副作用とは、空想、または金融政策の美学による思い込みにすぎない。金融政策の正常化とは、美学思想の最たるものである。量的緩和が異常であり、金利政策で金融政策を行わないのは異常だというのは論者の美学にすぎない。しかも、筆者には、そのような美学が美しいとはまったく思えない。

副作用を問題とするのなら、それは雇用や生産性や物価の急騰などの経済の現実に即して考えるべきであり、美学に基づく金融理論は止めにすべきだ。そもそも、異常な低金利が生じたのは、デフレにより、名目GDPの上昇率が低下、マイナスにさえなったからである。つまり、誤ったデフレ的金融政策によって名目GDPの成長率が低下し、それを反映して金利が低下したのである。これは、特に第3章第2節において、金利と物価のダイナミズムとして説明したものである。名目成長があって金利が上昇するのであって、無理やり金利を引き上げてはデフレに戻るだけである。

大規模緩和政策に副作用があるとすれば実体的なもので、それは過度に物価を引き上げてしまうことだ。これについては第2章第6節の欧米における経験で議論した。日本の場合は、原油価格上昇による一時的なインフレを経験しているだけで、過度なインフレは経験していない。

†物価2％目標の達成へ

異次元緩和は多くの点で日本経済を改善してきた。できなかったのは、物価の2％目標だけである。しかし、もし物価だけ上がって、雇用も生産も改善していなかったら大失敗である。実際に、第1章第6節で述べたように、特に1人当たりでの実質GDPの増加は大成功である（原田２０１７・１・24参照）。これは大規模緩和政策による高圧経済政策（第2章第6節）のゆえである。物価が上がらないからと言って物価上昇目標を放棄していたら、景気が十分に改善する前に金融引き締めに移り、せっかくの経済改善の利益を捨てていたことになるだろう。

また、２％達成が遅れたことに関しての消費税増税の影響は大きい。第１章第５節「消費の低迷と消費税増税」で述べたように、消費税増税により消費は低迷し、需要圧力は減退した。これが２％目標の達成を遅らした大きな要因であることは間違いない。さらに、川本・中浜（２０１６）は、早期に２％目標が達成できなかった要因として、需給ギャップや原油価格、為替レートでは説明できない消費者物価の固有の要因が物価上昇率の下振れを説明しているという。消費者物価の固有の要因とは、長く続いたデフレが人々のインフレ期待を上昇させることとの困難を示しているだろう。

ところが２０２２年の4月には消費者物価上昇率は2％を超え、その後も勢いは続いている。この動きを見て、大胆な金融政策の失敗、または緩和政策を解除すべきだという議論がある。

実際、22年12月20日に日銀は大規模金融緩和策を一部修正し、ＹＣＣ（イールドカーブ・コントロール）における長期金利の上限を０・２５％から０・５％に引き上げること

図終－1　消費者物価とエネルギー、食料価格の上昇率

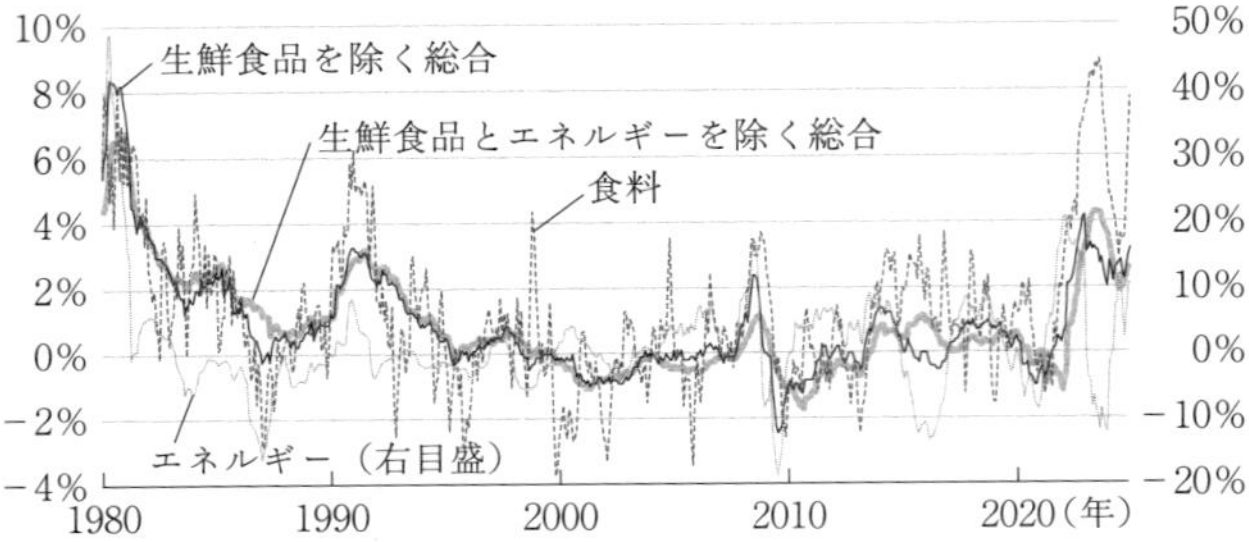

（出所）統計局「消費者物価指数」
（注）消費者物価上昇率は消費税調整のため、1989年度は2%、1997年度は1.5%、2014年度は2.1%、2019年10月から2020年9月までは0.3%を引いている。

を決めた。さらに23年7月28日、上限を1・0%にまで引き上げた。24年3月にはマイナス金利政策とイールドカーブ・コントロール政策の解除に、24年7月31日には政策金利の0・25%への引き上げに、2025年1月24日には0・5%への引き上げに踏み切った。しかし、物価が上がっても金融緩和を止めるべきではないと筆者は考える。その理由を述べたい。

†エネルギー価格上昇による物価上昇は続かない

図終－1は、消費者物価指数の生鮮食品を除く総合、生鮮食品とエネルギーを除く総合、食料、エネルギー価格の前年同月比を示したものである。これを見ると、エネルギー価格が上昇すると物価が一般に上昇するが、それは持続せず、エネルギー価格の上昇が一服し、物価一般も落ち着くことがわかる。

直近の2022年ではエネルギーと食品が上昇と下降をくりかえして分かりにくいが、2008年ではエネルギー、食料の上昇が一時的であったので、一般物価への波及も一時的だった。

なぜエネルギー価格上昇による一般物価の上昇が続かないのかといえば、第1に、エネルギー価格は永久に上昇するわけではないからだ。たとえば、今年、原油価格が1バレル=100ドルになったからといって、来年200ドルに、再来年400ドルになるわけではない。高くなれば増産する国が現れ、長期的には、新たな油田が開発され、シェールオイルのような別の地質からの原油が発掘される。また、いずれは再生可能エネルギーのコストが低下していく。

第2に、エネルギー価格が上昇すれば、その分だけ他のモノが買えなくなるからだ。他のモノへの需要が減って物価は上がらない。需要が減って不況になり、それがエネルギー価格に及ぶこともある。つまり、エネルギー価格の上昇で物価が永続的に上昇することはありそうでない。

日本のエコノミストの予測を平均したESPフォーキャスト調査は、24年度の消費者物価上昇率は2・68%、25年度は2・29%、26年度は1・72%になると予想している(ESPフォーキャスト調査、2025年3月18日)。そうすると、物価上昇率が2%以下になると予想しながら、金融を引き締めろと主張しているエコノミストが多数いることになる。引き締めれば、さらに物価上昇率は低下する。引き締めよと主張するエコノミストは、予想数値と政策提案が矛盾している。

†2%インフレターゲット達成後の問題

粘り強い金融緩和政策によって、2%インフレターゲットの安定的な達成が実現する可能性もある。2024年2月以降、前掲図終-1に見るように、食料価格とエネルギー価格高騰の影響はあるものの2%を超えるインフレが続いている。この状況が続けば、今後金融の引き締めも必要になってくる。どの程度の金利の引き上げが必要になるかと言えば、まず、長期金利が名目GDP上昇率にほぼ等しいというこれまでの経験がある。実質成長率が1%でも物価が2%で上昇すれば、名目GDPは3%、すると長期金利も3%という可能性が出てくる。ただし、これは長期金利なので、短期金利はもっと低いだろう。

金利が3%になれば債務負担が上昇して大変なことになるという議論があるが、大きな問題にはならない。なぜなら、金利が上がるのは名目GDPが上昇するからで、名目GDPとはすべての利益と賃金を足したものだからだ。すなわち、金利が上がるときには、企業の売上も利益も賃金も上がる。利払いが増える時には売上も増えているのだから、企業は困らない。名目GDPが増えもしないのに美学で金利を上げなければ経済に大きなショックを与えることはない。危険は空想美学的金融理論にある。もちろん、さまざまな企業があり、借入に大きく依存している企業とそうではない企業があり、販売価格を上げやすい企業とそうでない企業がある。すべての企業にとってショックは同一ではない。言えることは、売上と金利が同時に上昇すれば、経済全体としてのショックは大きくないということだ。

これは、銀行においても同じである。金利上昇と銀行経営との関係は、第3章第2節で説明した通りであるが、銀行の利益は長短利ザヤだけから生じるのではなくて、債券、株式からも生じており、銀行にとってもっとも危険なのは、不況とともに増大する貸し倒れコストである。不用意な金利引き上げは、貸し倒れコストを増大させ、また、長短金利差を縮小させてしまうかもしれないものである。

財政においても、金利引き上げが金利負担の増加という形で、一方的に財政を悪化させるわけではない。名目GDPの上昇を反映して金利が上昇するのであるから、金利負担が増大するとともに、名目GDPの増大に応じて税収も増加する。これは、第1章第12節で見たように、大規模緩和の時代に財政が改善し、デフレの時代に財政が悪化することで明らかである。これについては原田（2024・5・14）がごく簡単なスケッチを示している。政府債務の将来については多くのエコノミストが悲観的な予測を示しているが、名目GDPの増加と税収増と金利上昇という関係を見ずに、金利上昇が起きれば財政が大変なことになるという議論に終始しているのは不思議である。

原田の分析は簡単ではあるが、この3つの変数を考慮している点で有用である。他のエコノミストには、この分析をさらに精緻にしていただきたい。内閣府「中長期の経済財政に関する試算　2024年7月」(令和6年7月29日経済財政諮問会議提出)では、名目成長率によって金利や税収が変動するシミュレーションになっており、これによると国と地方の財政は、過去投影ケース(これまでの冴えない経済が続くことを前提としたケース)でも2025年度にはプライマリーバランスの黒字が達成でき、政府債務の対GDP比も低下することになっている。ただし、これは政府が補正予算で財政支出を増やさない場合である。ちなみに、第1章第12節でも述べたように、石破茂政権は2024年度に13・9兆円の補正予算を組んだ。この支出が2025年度に引き継がれるので、2025年度のプライマリーバランス黒字はもちろん達成できない。

以上述べてきたように、異次元緩和政策は成功を収めている。それは、異次元緩和政策が、金融政策の目的と基本的な金融理論に依拠しているからである。

おわりに

本書で述べたように、異次元金融緩和は成功をおさめ、その副作用と言われるものは存在しない。2％物価目標は意図したメカニズムでは達成できなかったが、2023年3月からの植田和男総裁の日本銀行が無理な金利引き上げを行わなければいずれ達成できるだろう。異次元金融緩和が成功であることをもっともよく示したのは、石破茂首相の豹変だろう。

石破氏としては党内野党時代に反安倍の言論の一環として、アベノミクスの異次元緩和にも反対していた。ところが石破氏が2024年9月27日の自民党総裁選に勝利すると、日経平均は2000円近く下落した。慌てて10月2日、「現在〔利上げをする〕そのような環境にない」と発言すると株価は元の値に戻った。

石破氏の盟友で、故安倍氏を「国賊」と呼んで党役職停止を受けた村上誠一郎総務相は、アベノミクスについて「デフレではない状況をつくり出し、GDP（国内総生産）を高め、雇用を拡大したとの評価がされている」と述べた（『産経新聞』2024年10月7日）。

石破氏は、ともかく安倍氏を批判したくて、本文にも登場する反アベノミクスの批評家たちの言論を取り入れたのだと思うが、いざ自分が首相になってみれば、その議論が誤りだとわかったのだろう。誤った信念に取りつかれた政治家より、現実を見て柔軟に意見を変えることのできる政治家の方がマシである。すべての人々に現実を見ていただきたいと思って、この本を書いた。

引用文中の［　］は、筆者の補足説明である。肩書は原則として当時のものである。

いつものように、多くの方々に教えていただいた。特に、上智大学の中里透准教授、青山学院大学の佐藤綾野教授、明治大学の飯田泰之教授、MCPアセットマネジメントの嶋津洋樹チーフストラテジストには本書の未定稿を読み貴重なコメントをいただいた。もちろん、残る誤りは著者の責任である。

筑摩書房の松田健氏には仕事の遅れがちな筆者を励まし、何とか2025年の春の終りに出版できるようにしていただいた。初期の完成度の低い原稿でご迷惑をおかけしたことをお許しいただきたい。

以上、すべての方に心から感謝したい。

参考文献

相川哲也・酒田元洋・古矢一郎・角田リサ・長沼裕介・立石憲彰・新藤宏聡「少子化対策と出生率に関する研究のサーベイ――結婚支援や不妊治療など社会動向の変化と実証分析を中心とした研究の動向」『ESRI Research Note No. 66』内閣府経済社会総合研究所、2022年5月
石破茂（倉重篤郎編）『保守政治家』講談社、2024年
一方井宏汰・川本卓司・桜健一「わが国の非伝統的金融政策と為替レート変動」多角的レビューシリーズ、日本銀行、2024年12月20日
伊藤隆敏「日本の為替介入の分析」『経済研究』Vol. 54, No. 2、一橋大学、2003年4月
伊藤隆敏・清水順子「コラム：現在の円高水準を再考する」経済産業研究所、2010年9月7日
伊藤元重「財政健全化にはインフレも必要」『日経ヴェリタス』2018年6月18日
井上哲也「日銀による「包括的検証」の展望――主要な手段の運営を中心に」NRI Financial Solutions、野村総合研究所、2016年9月20日
植田和男「中央銀行の財務と金融政策運営」2023年9月30日
上野剛志「異次元緩和の意義について考える――黒田日銀10年の振り返り」ニッセイ基礎研レポート、2023年5月10日
宇南山卓「経済教室　2014年消費増税の教訓」『日本経済新聞』2016年5月23日
太田康夫『日本銀行　失敗の本質』日本経済新聞出版、2019年
大前研一「「ビジネス新大陸」の歩き方」マネーポストWEB、2022年12月3日
小野善康『成熟社会の経済学』岩波新書、2012年
小野善康・橋本賢一『不況の経済理論』岩波書店、2012年
オルファニデス、アタナシオス（2018）「基調講演　中央銀行独立性の境界：非伝統的な時局からの教訓」『金融研究』10月号

会計検査院『平成24年度決算検査報告』「第6章　歳入歳出決算その他検査対象の概要」「第2節　歳入歳出決算等検査対象別の概要」「第7　政府関係機関及びその他の団体」、「2　国が資本金の2分の1以上を出資している法人」「事業団等の決算」「日本銀行」
会計検査院『令和4年度決算検査報告』「第6章　歳入歳出決算その他検査対象の概要」「第2節　国の財政等の状況」「第2　日本銀行の財務の状況」
片岡剛士『日本の失われた20年――デフレを超える経済政策に向けて』藤原書店、2010年
片岡剛士「第11章　構造失業率推定方法の誤り」原田・片岡・吉松（2017）
片岡剛士「わが国の経済・物価情勢と金融政策・函館市金融経済懇談会における挨拶要旨」日本銀行、2019年9月4日
河村小百合『日本銀行　我が国に迫る危機』講談社現代新書、2023年
河村小百合・藤井亮二『持続不可能な財政　再建のための選択肢』講談社現代新書、2025年
川本卓司・中浜萌「なぜ2％の「物価安定の目標」を2年程度で達成できなかったのか？――時系列分析による検証」「総括的検証」補足ペーパーシリーズ④、日本銀行ワーキングペーパーシリーズ、No. 16-J-13、日本銀行調査統計局、2016年12月
木内登英「イールドカーブ・コントロール（YCC）の見直しはなぜ必要か」木内登英の Global Economy & Policy Insight、2023年6月8日
北浦修敏・原田泰・坂村素数・篠原哲「構造的失業とデフレーション――フィリップス・カーブ、UV分析、オークン法則」『フィナンシャル・レビュー』2003年1月、67号
黒坂佳央（2011）「オークン法則と雇用調整」『日本労働研究雑誌』No. 610/May 2011
黒田東彦「量的・質的金融緩和――読売国際経済懇話会における講演」日本銀行、2013年4月12日
黒田東彦「「マイナス金利付き量的・質的金融緩和」への疑問に答える――読売国際経済懇話会における講演」日本銀行、2016年3月7日
黒田東彦「長短金利操作付き量的・質的金融緩和――低インフレを克服するための新たな金融政策の枠組み」日本銀行、2016年10月8日

黒田東彦「「長短金利操作付き量的・質的金融緩和」：導入後半年を経て――「ロイター・ニュースメーカー」における講演」日本銀行、2017年3月24日
黒田東彦「総裁記者会見要旨」日本銀行、2017年10月31日
玄田有史（主査）「就職氷河期世代の経済・社会への影響と対策に関する研究委員会報告書」連合総合生活開発研究所、2016年10月
厚生労働省「平成13年版　労働経済白書」2001年
河野龍太郎『成長の臨界――「飽和資本主義」はどこへ向かうのか』慶應義塾大学出版会、2022年
河野龍太郎『グローバルインフレーションの深層』慶應義塾大学出版会、2023年
小立敬「各国で適用が始まったカウンターシクリカル・バッファー」『野村資本市場クォータリー』2018年
近藤絢子『就職氷河期世代　データで読み解く所得・家族形成・格差』中公新書、2024年
佐藤綾野・中田勇人『国際金融論15講』新世社、2021年
佐藤主光「一橋大学経済学研究科・政策大学院　財政学 講義ノート2」2015年（https://www.ipp.hit-u.ac.jp/satom/lecture/publicfinance/2015_PF_note02.pdf）
澤田康幸・上田路子・松林哲也『自殺のない社会へ』有斐閣、2013年
嶋津洋樹「第9章　パンデミック下の積極的なマクロ経済政策の成功」原田・飯田（2023）
白川方明「人口動態の変化とマクロ経済パフォーマンス――日本の経験から」『金融研究』第31巻第4号、日本銀行、2012年10月
白川方明『中央銀行　セントラルバンカーの経験した39年』東洋経済新報社、2018年
杉岡優・中野将吾・山本弘樹「自然利子率の計測をめぐる近年の動向」日本銀行ワーキングペーパー、2024年8月28日
鈴木明彦『デフレ脱却・円高阻止よりも大切なこと　日本経済は「常識」を超えられるか』中央経済社、2012年
総務省統計局「（参考値）消費税調整済指数　参考資料〈コラム2〉2019年10月の消費税率引上げ及び幼児教育・保育無償化の影響（試算値）」2019年10月
高田創「シナリオ分析――異次元緩和脱出：出口戦略のシミュレーション」日本経済新聞出版社、2017年

内閣府「平成13年版　経済財政白書」２００１年
中川藍「第2章　労働需給が逼迫しても賃金と物価が上がらないのはなぜか」原田泰・増島稔編著『アベノミクスの真価』中央経済社、２０１８年
中里透「私見卓見　データに基づく政策論議を」『日本経済新聞』２０２２年6月28日
中里透「将来世代にツケは回せるか――防衛費の「倍増」について考える」Synodos、２０２２年12月5日
中澤正彦・矢野誠「金融危機後の公開市場捜査のポートフォリオリバランス効果―買入長期国債の残存期間別データの構築による検証（改訂版）」Market Quality Discussion Series, Discussion Paper, No. 2015-006、２０１５年
中野章洋・加藤涼「「長期停滞」論を巡る最近の議論――「履歴効果」を中心に」『日銀レビュー』2017-J-2、２０１７年３月
野口旭・白井さゆり「ヘリコプターマネーの正体 激突対談」『週刊エコノミスト』２０１６年8月2日。
日本銀行「日本銀行の政策・業務とバランスシート」『日本銀行調査季報』２００４年秋（10月）号、２００４年６月28日
日本銀行企画局「「量的・質的金融緩和」――2年間の効果の検証」『日銀レビュー』2015-J-8、２０１５年５月
日本銀行「金融緩和強化のための新しい枠組み――「長短金利操作付き量的・質的金融緩和」」２０１６年９月21日
日本銀行「より効果的で持続的な金融緩和を実施していくための点検【背景説明】」日本銀行、２０２１年３月19日
日本銀行企画局「非伝統的金融政策の効果と副作用」２０２３年12月４日
日本銀行企画局「中央銀行の財務と金融政策運営」２０２３年12月12日
日本銀行「金融政策の多角的レビュー」２０２４年12月19日
日本銀行「日本銀行の財務と先行きの試算」『日銀レビュー』2024-J-15、２０２４年12月
日本経済研究センター「植田新日銀の課題――政策金利を2％に引き上げると日銀に損失も　金融正常化の過程で発生する損失の試算」２０２３年４月11日
野口旭『アベノミクスが変えた日本経済』ちくま新書、２０１８年
野村浩二「第3章　日本経済には持続的円安の高圧経済が望ましい」原田泰・飯田泰之『高圧経済とは何か』金融財政事情研究会、２０２３年

ハーディング、ロビン「全て中銀のせいではない」『日本経済新聞』2020年7月31日
バーナンキ、ベン・S「第6章　自ら機能麻痺に陥った日本の金融政策」三木谷良一・アダム・S・ポーゼン編『日本の金融危機』東洋経済新報社、2001年
早川英男『金融政策の「誤解」——〝壮大な実験〟の成果と限界』慶應義塾大学出版会、2016年
原真人『日本銀行「失敗の本質」』小学館、2019年
原尚子・小池良司・関根敏隆「フィリップス曲線と日本銀行」『日銀レビュー』2020-J-3、2020年4月
原田泰『日本の失われた十年　失敗の本質　復活への戦略』日本経済新聞社、1999年
原田泰『震災復興　欺瞞の構図』新潮新書、2012年
原田泰「【日銀】我々は皆リフレ派である―金融緩和の効果は絶大だ」『週刊エコノミスト』2017年1月24日号
原田泰「石川県金融経済懇談会における挨拶要旨」日本銀行、2018年7月4日
原田泰「第8章　物価水準の財政理論（Fiscal Theory of Price Level, FTPL）について」安達誠司・飯田泰之編著『デフレと戦う　金融政策の有効性　レジーム転換の実証分析』日本経済新聞出版社、2018年
原田泰『コロナ政策の費用対効果』ちくま新書、2021年
原田泰『デフレと闘う』中央公論新社、2021年
原田泰『日本人の賃金を上げる唯一の方法』PHP新書、2024年
原田泰「物価高対策としての円高論はナンセンス」ウェッジ・オンライン、2022年5月3日
原田泰「いま金融緩和をやめたら日本は再びデフレに戻る…！」現代ビジネスオンライン、2024年3月14日
原田泰「「日本は財政赤字で将来ヤバイ」→実は財政赤字が縮小していた！」ダイヤモンド・オンライン、2024年5月14日
原田泰「日本企業の競争力が低下するしかなかった「本当の理由」とは？」ダイヤモンド・オンライン、2024年5月31日
原田泰「「低金利政策が低成長を招いた」説は本当か、データを見る〝真実〟とは？」ダイヤモンド・オンライン、2024年6月22日
原田泰「〈世界的インフレは誰のせい？〉金融政策の失敗なのか、利上げを決めた日本への教訓」ウェッジ・オンラ

イン、2024年8月7日
原田泰「国民無視の「年収の壁」には、もううんざり……」現代ビジネスオンライン、2024年11月27日
原田泰・飯田泰之編著『高圧経済とは何か』金融財政事情研究会、2023年
原田泰・石橋英宣「第1章 量的・質的金融緩和、予想インフレ率、生産」安達誠司・飯田泰之編著『デフレと戦う――金融政策の有効性 レジーム転換の実証分析』日本経済新聞出版社、2018年
原田泰・片岡剛士・吉松崇『アベノミクスは進化する』中央経済社、2017年
原田泰・増島稔「第8章 金融の量的緩和はどの経路で経済を改善したのか」吉川洋編『デフレ経済と金融政策』慶應義塾大学出版会、2009年
ヒックス、J・R『経済学の思考法――貨幣と成長についての再論』岩波書店、1985年（Hicks, John, R., *Economic Perspectives: Further Essays on Money and Growth*, Oxford University Press, 1977）
星岳雄、アニル・K・カシャップ『何が日本の経済成長を止めたのか』日本経済新聞出版社、2013年
星野卓也「第4章 高圧経済政策が労働市場にもたらした好影響――アベノミクス期の経験から」原田・飯田（2023）
本多佑三・黒木祥弘・立花実「量的緩和政策――2001年から2006年にかけての日本の経験に基づく実証分析」『フィナンシャル・レビュー』2010年第1号、財務省財務総合政策研究所
松山千隼「非伝統的金融政策形成と銀行の経営モデル――日本銀行を事例として」『比較政治研究』10巻、2024年
マンキュー、グレゴリー『マンキュー経済学Ⅱ マクロ編［第4版］』東洋経済新報社、2019年
宮尾龍蔵『非伝統的金融政策――政策当事者としての視点』有斐閣、2016年
宮嵜浩「第6章 消費税率引上げの影響が予想外に大きかったのはなぜか」原田泰・増島稔編著『アベノミクスの真価』中央経済社、2018年
藻谷浩介『デフレの正体――経済は「人口の波」で動く』角川新書、2010年
森田京平「特集アベノミクス 継承に値するのか アベノミクス下の雇用改善は人口動態の変化による「偶然」といえる理由」ダイヤモンド・オンライン、2020年10月13日

山本謙三『異次元緩和の罪と罰』講談社現代新書、２０２４年
吉川洋『デフレーション』日本経済新聞出版社、２０１３年
ラジャン、ラグラム『苦悶する中央銀行』慶應義塾大学出版会、２０２４年
ローマー、デビッド『上級マクロ経済学　原著第３版』堀雅博・岩成博夫・南條隆訳、日本評論社、２０１０年

Asao, Kohei, Danila Smirnov, and TengTeng Xu, "Japan's Fertility: More Children Please," SIP/2024/025, International Monetary Fund, June 2024.

Blanchard, Olivier, Giovanni Dell'Ariccia, and Paolo Mauro, "Rethinking Macroeconomic Policy," IMF, February 12, 2010.

Cœuré, Benoît, "Assessing the Implications of Negative Interest Rates," Speech by Benoît Cœuré, Member of the Executive Board of the ECB, at the Yale Financial Crisis Forum, Yale School of Management, New Haven, 28 July 2016.

Federal Reserve Board "Federal Reserve Banks Combined Financial Statements, As of and for the Years Ended December 31, 2024 and 2023 and Independent Auditors' Report", March 21, 2025.

Friedman, Milton, "The Role of Monetary Policy," *The American Economic Review*, 58 (1), March 1968.

Fujiwara, I., "Evaluating Monetary Policy When Nominal Interest Rates Are Almost Zero," *Journal of the Japanese and International Economies*, 20, 434-453, 2006.

Hayashi, N., "Recent Unorthodox Monetary Policies vs. Orthodox Theory of Monetary Policy: Comments and Views on Jordan," *International Journal of Economic Policy Studies*, 13 (2), 285-317, August 2019.

Honda, Y., "The Effectiveness of Nontraditional Monetary Policy: The Case of Japan," *The Japanese Economic Review*, 65 (1), 1-23, 2014.

Kimura, T., and J. Nakajima, "Identifying Conventional and Unconventional Monetary Policy Shocks: A Latent Threshold Approach," *The B. E. Journal of Macroeconomics*, 16 (1), 277-300, 2016.

Krugman, P., "It's Baaack: Japan's Slump and the Return of the Liquidity Trap," *Brookings Papers on Economic Activity*, 29 (2), 137-206, 1998.

Krugman, P., "Thinking about the Liquidity Trap," *Journal of the Japanese and International Economies*, 14 (4), 221-237, 2000.

Kubota, H., and M. Shintani, "Macroeconomic Effects of Monetary Policy in Japan: An Analysis Using Interest Rate Futures Surprises," CARF Working Paper, CARF-F-555, The University of Tokyo, 2023.

Lucas, Robert E. Jr., "Macroeconomic Priorities," *The American Economic Review*, March 2003.

Michaelis, H., and S. Watzka, "Are There Differences in the Effectiveness of Quantitative Easing at the Zero-Lower Bound in Japan over Time?", *Journal of International Money and Finance*, 70, 204-233, 2017.

Mishkin, Frederic S., *The Economics of Money, Banking, and Financial Markets*, 13th Edition, Pearson, 2021.

Murata, K., and M. Hori, "On the decline in propensity to consume during the Abenomics period," ESRI Research Note No. 77, 内閣府経済社会総合研究所、May 2023.

Ouerk, S., C. Boucher, and C. Lubochinsky, "Unconventional Monetary Policy in the Euro Area: Shadow Rate and Light Effe[c]ts," *Journal of Macroeconomics*, 65, 2020.

Weale, M., and T. Wieladek, "What Are the Macroeconomic Effects of Asset Purchases?," *Journal of Monetary Economics*, 79, 81-93, 2016.

Wu, J. C., and F. D. Xia, "Measuring the Macroeconomic Impact of Monetary Policy at the Zero Lower Bound," *Journal of Money, Credit and Banking*, 48 (2-3), 253-291, 2016.

Yellen, Janet L., "Macroeconomic Research After the Crisis," at "The Elusive 'Great' Recovery: Causes and Implications for Future Business Cycle Dynamics," 60th annual economic conference sponsored by the Federal Reserve Bank of Boston, Boston, Massachusetts, October 14, 2016.

ちくま新書
1857

検証《けんしょう》　異次元緩和《いじげんかんわ》
二〇二五年五月一〇日　第一刷発行

著者　原田 泰（はらだ・ゆたか）
発行者　増田健史
発行所　株式会社 筑摩書房
東京都台東区蔵前二-五-三　郵便番号一一一-八七五五
電話番号〇三-五六八七-二六〇一（代表）
装幀者　間村俊一
印刷・製本　株式会社 精興社

ISBN978-4-480-07685-4 C0233

1316
アベノミクスが変えた日本経済
野口旭
「三本の矢」からなるアベノミクスは、日本経済を長期デフレから脱却させることに成功しつつある。その現状を示し、その後必要となる「出口戦略」を提示する。

1823
バブルと資本主義が日本をつぶす
――人口減と貧困の資本論
大西広
株価の乱高下、不動産高騰と地方衰退。近代英国労働者のような低賃金と貧富の差。労働力不足と未曾有の人口減少。令和バブル崩壊で露呈する資本主義の限界とは。

1833
バブルの後始末
――銀行破綻と預金保護
和田哲郎
大手銀行さえ倒れる恐ろしい金融恐慌に日銀や大蔵省は何を考え、どう動いたか。数々の破綻処理スキームは何を狙って導入したか。金融危機に立ち向かう方法とは。

1830
世界経済史講義
水野和夫
島田裕巳
経済の誕生からグローバル資本主義の終焉まで、経済学者と宗教学者が語りつくした、初めての「世界の経済史」。これから経済は何を目指すのかが、見えてくる。

1819
金利を考える
翁邦雄
住宅ローン金利はどうなるか。なぜ低金利が円安を招くのか。株価暴落はなぜ、どのように起きるのか。金融政策の第一人者が根本から解き明かす。

1829
投資で変わる日本経済
――「アマチュア資本主義」を活かす途
宮川努
日本は資本主義の落第生なのか？　「失われた30年」と呼ばれる停滞の要因をデータで検証。デジタル化や人材投資の必要性を説き、閉塞状況からの脱却を模索する。

1840
日本経済の死角
――収奪的システムを解き明かす
河野龍太郎
経済構造のあらゆる謎が氷解する快著！　生産性と実質賃金への誤解をはじめ労働法制、企業統治など7つの「死角」から停滞を分析、「収奪」回避の道筋を示す。